'엄마표'
시험
공략법

중학교 자기주도 학습을 위한
'엄마표' 시험 공략법

지은이 | 전도근
펴낸곳 | 북포스
펴낸이 | 방현철

1판 1쇄 찍은날 | 2010년 11월 19일
1판 1쇄 펴낸날 | 2010년 11월 25일

출판등록 | 2004년 02월 03일 제313-00026호
주소 | 서울시 영등포구 양평동5가 18 우림라이온스밸리 B동 512호
전화 | (02)337-9888
팩스 | (02)337-6665
홈페이지 | www.bookforce.co.kr
전자우편 | bhcbang@hanmail.net

ISBN 978-89-91120-48-8 13590

값 13,000원

중학교 자기주도 학습을 위한

'엄마표' 시험 공략법

· 전도근 지음 ·

북포스

이 책을 보는 방법

- 이 책은 초등학교 6학년을 마치고 중학교에 갓 입학하는 학생들 및 중학생을 대상으로 시험을 어떻게 하면 잘 볼 수 있는가에 대한 노하우를 적은 책이다

- 이 책은 부모가 아이에게 직접 시험전략을 지도해도 되지만, 아이가 직접 읽고 실천하게 해도 된다.

- 이 책의 시험 잘 보는 노하우는 저자의 현직 교사시절 경험과, 중학교에 근무하는 교사들과 상위 1% 안에 드는 학생들과의 심층 인터뷰를 통해 중학교에서 꼭 필요한 시험공부방법과 시험전략을 추출한 것이다.

- 이 책에 제시되어 있는 시험전략이 모든 학생에게 100% 맞는 것은 아니라 공부습관이나 체질에 따라서 맞지 않을 수도 있다.

- 이 책에서는 실제 활용할 수 있는 방법에 대해서는 '연습문제'를 제시하여 먼저 설명한 내용을 적용하도록 하였으며, 연습문제를 통해 이해가 되었다면 '실전문제'를 풀도록 되어 있다.

- 이 책에 나와 있는 모든 문제는 중학교 전 과목을 분석해서 실제로 출제되었던 문제를 다루는 것을 원칙으로 하였으며, 기출문제를 변형한 문제로 구성되어 있다. 따라서 이 책에 나와 있는 문제만 다 풀어 보아도 비슷한 유형의 문제가 출제되었을 때 문제해결력을 높일 수 있다.

- 이 책에 나오는 중요한 양식은 부록에 첨부하여 직접 작성하고 연습할 수 있도록 하였다.

중학교 시험이 인생을 바꾼다

 초등학교에서 중학교에 진학을 하게 되면 많은 것에 변화가 생긴다. 중학교에 갓 입학한 아이들에게는 많은 것이 낯설다. 사춘기를 겪으며 예민해지는데다 학교에 적응도 해야 하고, 친구도 사귀어야 한다. 과목별로 선생님이 달라 어리둥절하기도 하다. 여기에 공부해야 할 것도 많지만 시험을 치르는 과목도 배가 되어 시험공부에 대한 부담감까지 한층 커진다. 중학교에서는 시험을 치고 나면 처음으로 반 석차와 전교 등수가 표시된 성적표를 받는다. 아이들에게는 그 사실 자체가 공포가 될 수 있다.
 아이들과 엄마들은 좋은 대학을 가기 위해서는 고등학교 때 성적만 중요하다고 생각한다. 그러다 보면 중학교 때 성적의 중요성을 놓치기 쉽다. 중학교는 인생에서 가장 중요한 시기다. 대학진학을 위한 공부의 기본을 만들며 평생성적의 기본이 되기 때문이다. 학생들을 대상으로 설문조사를 실시한 결과, 자신만의 공부습관이 형성된 시기로 가장 많은 학생이 중학교 1학년을 꼽았다고 답했다. 따라서 중학교 시험은 아이들의 평생성적을 결정하는 중요한 요인이 된다.

중학교에서 첫 시험은 지금까지 초등학교에서 공부한 것을 배경지식으로 하여 중학교에 들어와 공부한 것을 합쳐 시험을 본 것과 같다. 그리고 초등학교 때까지는 성적이나 등수를 제대로 알기가 어려웠지만 중학교에서는 모든 것이 공개되기 때문에 객관적으로 평가할 수 있는 좋은 기회이기도 하다. 따라서 중학교 첫 시험 성적이 평생을 간다는 말도 여기에서 나왔다.

중학교에 입학하면 초등학교에 비해 시험공부방법을 달리해야 한다. 아이가 초등학교 때처럼 시험 대비 공부를 한다면 좋은 결과를 가져오는 아이도 있지만 대부분 자신의 실력을 제대로 발휘하지 못하는 경우가 더러 생긴다. 이는 결국 중학교 시험은 부모의 시험공부방법 지도에 따라 결과가 달라질 수 있다는 것을 의미한다.

아이는 스스로 시험공부방법을 알지 못하기 때문에 부모나 교사가 시험공부를 하는 방법이나 시험 보는 방법을 알려주는 일이 무엇보다 중요하다. 그렇다고 초등학교 때처럼 부모가 일일이 챙겨줄 수도 없기 때문에 자신에게 맞는 시험공부방법을 찾을 수 있도록 돕는 것이 최선이다. 그러자면 먼저 부모가 중학교 시험의 특징과 올바른 시험공부방법을 알아두는 것이 무엇보다 중요하다.

이 책은 중학교에 근무하는 교사들과 상위 1% 안에 드는 학생들과 심층 인터뷰를 통해 중학교에서 꼭 필요한 시험공부방법과 시험전략을 추출한 것이다. 상위권에 들기 위한 올바른 시험공부방법을 실제 사례를 통해 알려주며, 시험공부방법의 길잡이가 될 수 있도록 시험문제 출제방법, 과목별 시험공부방법, 시험에서 실수를 줄이는 방법, 시험 준비 방법 등 실제 현장에서 바로 적용할 수 있는 내용으로 구성하였다.

이 책은 또한 중학생 시험을 출제하는 교사의 출제경향을 세심하게 분석하여 시험공부를 할 때 시험에 나올 수 있는 것만 공부할 수 있도록 배려하였다. 특히 이 책에서 빼놓을 수 없는 강점은 시험을 보고 나면 자주 실수하여 성적이 제대로 나오지 않는 학생들을 위해 실수를 줄이는 방법에 대해서 다루었다는 점이다. 이 책은 결국 중학교에 들어와 처음으로 치루는 시험에서 우수한 성적을 얻어 자신감 있는 중학교 생활을 통해 원하는 고등학교와 대학에 진학할 수 있는 노하우를 제공하는 것을 목표로 하고 있다.

글쓴이의 바람은 이 책을 통해 부모나 교사가 아이들에게 어떻게 하면 시험을 잘 보게 할 수 있을까에 대한 고민을 해결해 주는 가이드로 삼기를 바란다. 중학교 입학을 앞둔 초등 고학년이나 중학생 자녀를 둔 학부모라면 결과만을 중요하게 보는 자녀교육에서 벗어나 아이에게 시험공부 습관을 습득하게 하는 데 이 책이 큰 도움을 줄 것이다. 부모나 교사는 무엇보다 초등학교까지 공부 잘하던 자녀가 중학교, 고등학교로 올라갈수록 성적이 떨어지는 숨은 이유를 이 책을 통해 찾을 수 있을 것이다. 이 책은 중학교 시험에 대한 엄마의 지도가 아이들의 인생이 바뀔 수도 있다는 것을 보여준다.

저자 전도근 드림

머리말_중학교 시험이 인생을 바꾼다 5

시험, 속내를 알면 정답 보인다

'시험'아, 넌 도대체 누구니? 17
왕도 없는 공부방법 VS 왕도 있는 시험공부 19
    엄마표 족집게 노트 • 시험공부에는 '공식'이란 지름길이 있다
초등학교 시험과 중학교 시험은 다르다 24
중학교에서 좋은 성적을 받는 비결 26
    엄마표 족집게 노트 • 우리 아이 '성적표' 어떻게 읽지?
시험범위 전체를 살피면 공부가 보인다 34

시험, 뿌리 알면 정답 찍는다

출제자 속뜻 알려면 기출문제 풀어라 39
    엄마표 족집게 노트 • 희정이의 시험 잘 치는 비결
성적은 시험성적만 보는 것이 아니다 42
문항작성에도 지름길이 있다 44
주관식과 객관식 비율은 3:7이다 47
시험문제는 배운 내용만 나온다 49
    엄마표 족집게 노트 • 강남 족집게 이 선생이 말하는 시험 잘 치는 비법
시험영역을 눈 여겨 보라 54

지난해 기출문제는 '카멜레온' 59
부정적인 문제는 출제비중이 아주 낮다 64
스스로 문제를 출제하면 정답이 거기 있다 68
엄마표 족집게 노트 • 희정이와 철수의 스스로 시험문제 출제 비결

실수 줄이면 정답 다가온다

실수 줄이려면 5단계로 풀어라 75
'앗! 실수' 않으려면 정확히 읽고 표시하라 79
정확히 읽어야 정답이 꼬리 친다 83
엄마표 족집게 노트 • 정답과 오답 찾아주는 낱말들
정답 숨어 있는 지문 출제방법 88
자신이 적은 답을 꼼꼼히 분석하라 91
엄마표 족집게 노트 • 미숙이와 경수의 '찍기' 비법

과목별로 시험공부를 달리하라

나는 이렇게 '국어'를 잡았다 99
'국어' 비추는 5개의 반딧불 100
엄마표 족집게 노트 • 국어선생님이 귓속말로 알려주는 5가지 길라잡이
인생의 필수요소 '영어' 쥐어틀기 112

'영어' 대문 여는 5개 key   113
   엄마표 족집게 노트 • 영어선생님이 귓속말로 알려주는 6가지 길라잡이

내가 던진 그물로 건지는 '수학'   122

5개 '?'표로 사로잡은 '수학'   125
   엄마표 족집게 노트 • 수학선생님이 귓속말로 알려주는 5가지 길라잡이

재미없는 '과학' 재미있게 붙들기   135
   엄마표 족집게 노트 • 과학 과외교사가 귓속말로 알려주는 5가지 길라잡이

'암기'와 '이해' 속에 스스로 익히는 '사회'   139
   엄마표 족집게 노트 • 사회 과외교사가 귓속말로 알려주는 5가지 길라잡이

chapter 05
고득점으로 뻗은 '뿌리'는 철저한 시험준비

시험공부 계획표를 새롭게 만들어라   147

고득점 위한 시험공부 이렇게 하라   149

토니 부잔의 '공부주기'를 컨닝하라   150
   엄마표 족집게 노트 • 상위 1%에 드는 민정이의 암기와 기억 노하우

벼락치기 공부에도 '노하우'가 있다   154
   엄마표 족집게 노트 • '찍기도사' 성철이의 벼락치기 공부비결

시험 전날 '반짝준비'가 성적을 좌우한다   158

100% 효과 있는 시험 당일 힌트 11가지   160

'피드백'을 거쳐야 성적 오른다　163
내신의 '핵' 수행평가　166
시험공부노트가 시험의 노른자다　176
　　엄마표 족집게 노트・철수의 공부비법은 시험공부노트에 있다
방학을 시험 잘 보기 위한 황금의 기회로 활용해라　180

서술・논술형 100점으로 가는 지름길

서술・논술형 '시험'을 머릿속에 가두어라　185
서술・논술형 '출제의 뿌리'를 찾아라　186
기출문제에 '열쇠'가 숨겨져 있다　188
　　엄마표 족집게 노트・남수는 기출문제로 시험을 틀어쥐었다
글쓰기 연습 앞에 두 손 번쩍 치켜든 '논술'　194
'연습벌레'가 설명문 소화시킨다　195
'설득' 없는 글쓰기가 글 망친다　198
　　활동지 1・다르게 생각해 볼까?
　　활동지 2・다른 사물에 표현을 빗대어 볼까?
　　활동지 3・내가 되고 싶은 것, 닮고 싶은 사람은?
　　활동지 4・나라면 어떻게 할까?
　　엄마표 족집게 노트・서초구 과외교사가 지도하는 글쓰기 노하우

 # 사고력을 높여야 시험이 쉬워진다

옳고 그름의 차이는 판단력에 있다　213
판단력 진단지
- 활동지 1 • 독서 통해 판단력 키우기
- 활동지 2 • 다른 사람 행동 바라보고 판단하기
- 활동지 3 • 문제 바라보고 판단력 키우기
- 활동지 4 • 미래 예측하는 연습
- 활동지 5 • 자료 모아 판단력 키우기

추리력을 기르면 모르는 문제가 술술 풀린다　229
'추리력' 꿰뚫는 진단지
- 활동지 1 • 사건, 사고의 원인을 추리하라
- 활동지 2 • 사건, 사고의 결과를 추리하라
- 활동지 3 • 주제를 찾아 토론하라
- 활동지 4 • 행동의 결과를 추리하라

문제해결력 높여야 아는 문제 더욱 쉬워진다　239
- 활동지 • 문제의 원인과 해결방안 쓰기

자신을 표현하는 '뿌리'는 '논리력'　245

옳고 그름 밝히는 등대 '비판력'　248
- 활동지 • 인물에 대해 비판하기

과학과 사회, 탐구력으로 잡아라　253
- 활동지 • 수집된 자료 통해' 분석하기

[부록 1] 시험공부 계획표 양식
[부록 2] 시험공부 계획표 실천을 위한 지도양식
[부록 3] 중학교 1학년 시험범위
[부록 4] 중학교 2학년 시험범위
[부록 5] 중학교 3학년 시험범위

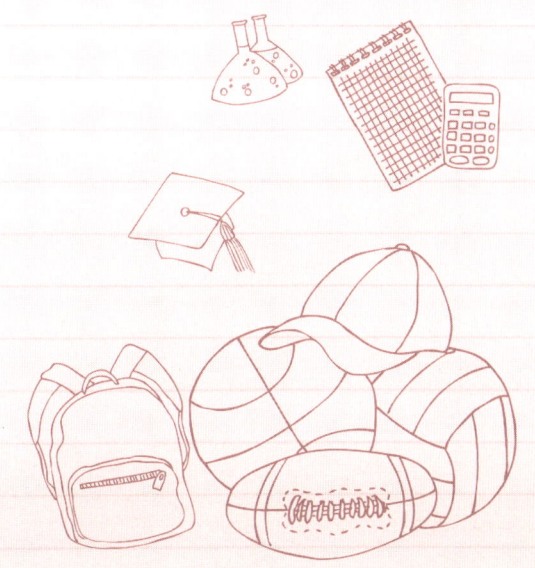

chapter 01

시험,
속내를 알면
정답 보인다

'시험'아, 넌 도대체 누구니?
왕도 없는 공부방법 VS 왕도 있는 시험공부
초등학교 시험과 중학교 시험은 다르다
중학교에서 좋은 성적을 받는 비결
시험범위 전체를 살피면 공부가 보인다

엄마표 시험 공략법

우리는 흔히 시험이란 것이 지식수준이나 기술의 숙달 정도를 검증하는 것이라고 생각하기 쉽다. 그러나 시험을 좀 더 포괄적으로 생각한다면 우리의 인생이 모두 시험이고, 우리가 이룬 사회는 거대한 시험장이라고 할 수 있을 것이다. 우리는 태어나면서부터 죽을 때까지 시험이라는 굴레에서 자유로울 수 없다. 그러나 시험이 과연 무엇인지를 알고 보는 것보다도 어쩔 수 없이 치러야 할 관문 정도로 인식하는 경우가 많다. 이렇게 시험의 개념이나 목적을 모르고 시험을 봐야 한다면 시험은 분명히 고통스러운 통과의식이다. 그리고 시험을 치기 위해서 하는 공부는 너무나 지겨울 것이다.

전쟁에서 적을 정확히 알면 언제나 승리할 수 있듯이 시험에서도 시험의 개념과 목적이 무엇인지, 시험에 대한 특성을 알면 정답을 발견할 수 있게 된다.

 **'시험아, 넌 도대체 누구니?'**

시험은 [試驗, examination] 학생이 가지고 있는 지식과 문제해결력을 측정하는 것으로 쉽게 말하면 학생의 학습결과를 평가하는 것이라고 할 수 있다. 이러한 측면에서 '고사' 또는 '평가'라고도 부르며 중간고사, 모의고사, 대입수학능력시험, 학습능력평가 등으로 부른다. 시험은 학교에서만 보는 것이 아니라 사회에서, 직장에서, 모임에서도 치르고 있다.

시험의 진정한 목적은 등수를 결정해서 사람을 줄 세우려는 것이 아니라 일정 기간의 학습활동이 끝날 무렵에 공부한 결과를 측정하기 위해 실시하는 것이 목적이다. 따라서 시험은 공부한 결과를 점검하는 기능도 있지만, 시험결과를 가지고 어디가 부족한지, 무엇을 보충해야 하는지 교육의 방향과 내용을 결정하는 기능을 더 크게 가지고 있다. 더욱이 시험은 학교에서만 보는 것이 아니라 사회나 회사에서 사람이 필요할 때 선발하거나, 기관을 평가할 때도 사용한다.

공부와 시험을 따로 떼서 생각할 수 있을까? 만약 시험이 없다면 공부하는 학생이 얼마나 될까? 아마 거의 모든 학생이 공부에 긴장을 잃을 것이고, 공부를 해도 기쁘지 않을 것이다. 마치 시합이 없이 운동연습을 하는 선수가 실력이 향상될 수 없듯이 말이다.

공부는 단순히 학습하는 행위에서 끝나는 것이 아니다. 평가라는 부분에서 공부가 완성된다고 볼 수 있다. 즉 시험은 공부의 마지막을 이루는 중요한 부분이다. 사실 시험이 즐겁고 유쾌한 사람은 거의 없을 것이다. 하지만 반대로 시험이 없다면 내가 무엇을 어느 정도 알고 있으며, 얼마만큼 목표를 달성했는지 알 수가 없다. 또한 아는 것을 제대로 표현하지 못하고 설명할 수 없다면 제대로 공부했다고 할 수 없다.

오랫동안 시험은 선발을 위한 수단이 되어 왔다. 까닭에 한 학생이 어떤 집단에서 '상위에 속하는가, 아니면 하위에 속하는가?' 하는 것에 관심이 치중되어 왔다. 다시 말하면, 한 학생이 한 집단 내에서 차지하는 상대적 위치에만 관심을 가져온 것이다.

오늘날 시험의 기능은 더욱 확대되어 공부한 내용에 대한 성취도 확인, 자격부여, 경쟁유발, 선발, 목표설정, 미래학습을 위한 점검, 교육의 질 향상, 학교 간 비교 등이 있다. 시험의 역기능은 주로 암기력을 테스트하고, 교육과정의 일부분만을 다루어 정상적인 교육을 방해할 수 있으며, 시험공부에만 집중하게 하여 정상적 공부습관을 약화시킨다는 것이다. 더욱이 학생들을 등수라는 이름으로 줄 세우기를 하기 때문에 시험을 잘 보는 학생과 잘못 보는 학생 간에는 위화감을 조성시킬 수도 있다.

시험은 교육활동이란 목표를 지향하는 활동이다. 따라서 시험의 목적은 학생이 몇 점을 맞았고 몇 등을 했는가에 관심을 갖는 상대적 위치가 아니라 그 목표에 도달했는지의 여부가 되어야 한다. 예를 들어 한 학생이 어떤 집단에서 1등을 했다 하더라도 목표에 도달하지 못했다면, 공부는 효과가 없는 것이다. 학생이 꼴찌를 했다 하더라도 목표에 도달했다면 공부가 효과를 보았다 할 수 있다.

우리의 이상理想은 전원을 목표에 도달시키는 것이다. 시험이란 학생 개인을 상대로 보면 그 학생이 집단 내에서 어떤 위치에 있는

가를 알려고 하는 것이 아니라 정해진 목표를 얼마나 성취했는가를 알려고 하는 것이다.

시험은 학습이 증가할수록, 사회가 발달할수록, 경쟁률이 높을수록 증가한다. 앞으로 우리 사회는 점차 학습에 대한 중요성이 강조되어가고 있고, 성공의 문턱이 높을수록 시험의 기회는 더욱 증가하게 될 것이다. 따라서 시험은 어차피 피할 수 없는 제도이므로 시험에 대해 스트레스를 받으면 안 된다. 시험을 통해서 인생이 바뀌고, 대우가 달라지고, 운명이 바뀐다는 생각을 가지고 시험을 즐기도록 해야 한다.

왕도 없는 공부방법 VS 왕도 있는 시험공부

서점에 가면 공부나 학습에 관련된 책들이 즐비하다. 어림잡아 백여 권 이상이 나와 있는 것 같다. 공부방법에 대한 관심이 높아짐에 따라 지금까지 밝혀진 학습방법은 수없이 많다. 그동안 전뇌학습법, 마인드맵학습법, 속독학습법, 체질별학습법, 혈액형별학습법, NIE학습법 등 수도 없이 많은 공부방법이 유행처럼 나타났다가 사라졌다. 이러한 공부방법의 특징들을 보면 학습내용을 기술적으로 암기하는 방법에 비중을 두고 있다. 어느 날 매스컴에서 어떤 학습법이 효과가 있다고 하면 유행처럼 번졌다가, 실행해보니 효과가 없어 포기하는 경우도 많다. 다양한 학습법들에 의해서 부모들은 선택에 오히려 혼란을 겪고 있는 것이다.

게임이나 스포츠를 제대로 하거나 즐기려면 규칙을 제대로 알아야 한다. 시험을 잘 보기 위해서 필요한 것이 바로 시험공부방법이다. 시험공부방법을 모르고 하는 공부는 규칙을 모르고 참여하는 게임이나 스포츠와 다를 바 없다. 게임이나 스포츠에서 규칙을 모르고 참여하면 실격을 당하거나 승리하지 못하듯이 시험공부방법을 모르고 하는 공부는 잘 할 수도 없을 뿐더러 아무리 노력해도 높은 점수를 받을 수 없게 된다.

교사나 부모들 중에서는 시험공부는 무조건 열심히 공부하면 되는 것이지 특별한 방법이 없다는 편견을 가진 사람이 의외로 많다. 아이들은 이 때문에 시험의 목적이 무엇인지도 모를 뿐더러, 시험공부방법을 제대로 알지 못하고 시험을 보게 된다. 교사나 부모는 지식의 전달과 습득에 관심을 갖고 지도하지만 정작 시험공부방법을 알려주는 교사나 부모는 그리 많지 않다.

시험공부방법에 대한 존재나 중요성을 모르는 교사나 부모들에게 지도를 받는 아이들은 시험공부방법이 무엇인지, 또한 어떻게 공부해야 높은 점수를 받는지 알 수가 없다. 시험공부방법을 가르쳐주지 않고 무조건 공부하라고 내몬다면 학생들은 군에 갓 입대한 군인들에게 총을 주면서 쏘는 방법을 알려주지 않은 채 전쟁터로 보내는 것과 다를 바 없다.

총은 가지고 있지만 총을 쏠 줄 모르는 병사는 전쟁이 두려울 것이다. 마찬가지로 시험공부방법도 제대로 알려주지 않고 오직 공부만 하라고 한다면 오히려 아이는 공부에 대한 반감과 스트레스가 생겨 공부에 대한 부정적 의식만 심을 뿐이다.

시험도 하나의 제도이다. 하지만 어떻게 시험을 준비하고, 공부해야 하며, 어떻게 해야 고득점을 올릴 수 있는지에 대해서는 알려주는 사람이 없다. 단지 시험범위만 알려주고 무조건 시험을 보라고 한다. 시험을 잘 보기 위한 시험 공부원리를 보면 시험의 목적이 무엇인지, 시험출제 원칙이 어떤지, 출제자의 의도가 무엇인지, 시험을 잘 보는 방법이 무엇인지, 시험공부 계획은 어떻게 할 것인지, 시험 기간 동안 시간관리는 어떻게 할지가 영향을 미친다.

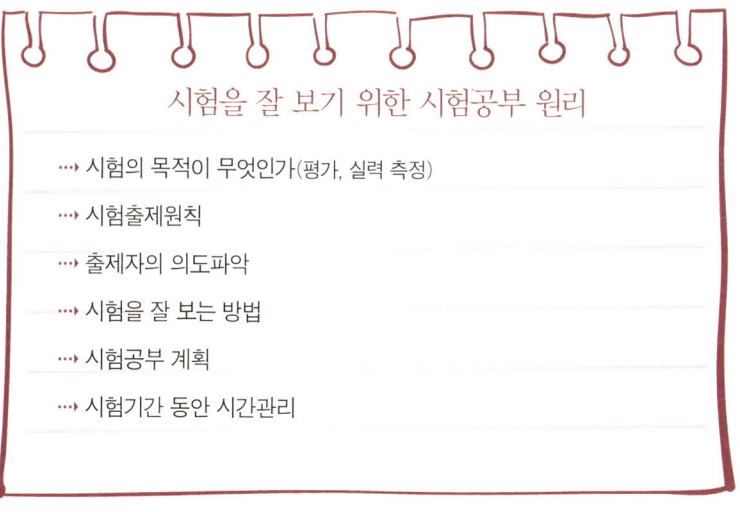

시험을 잘 보기 위한 시험공부 원리
- 시험의 목적이 무엇인가(평가, 실력 측정)
- 시험출제원칙
- 출제자의 의도파악
- 시험을 잘 보는 방법
- 시험공부 계획
- 시험기간 동안 시간관리

시험공부방법을 알고 있지만 성적이 잘 오르지 않는 경우나, 어떤 과목은 잘 보는데 다른 과목은 잘못 보는 경우는 시험공부방법이 모든 과목에 공통적으로 적용되지 않기 때문이다. 따라서 아무리 좋은 옷이 있더라도 자기 몸에 맞아야 하듯이 과목별로 시험공부방법을 알아야 한다.

시험공부에는
'공식'이란 지름길이 있다

 부모들이 가장 고민하는 것은 아이가 '공부를 얼마나 하느냐?'보다는 '시험을 어떻게 잘 치게 할까?' 하는 것일 것이다. 결국 공부도 시험을 잘 치기 위한 방편으로 하는 것이기 때문이다. 거꾸로 공부를 많이 했다고 해도 시험을 잘못 치는 것을 보면 시험을 치루는 것에도 방법이 있음을 알 수 있다.

 아이들은 흔히 시험을 보고 나서 결과를 받고 '정말 노력은 많이 했는데 결과가 좋지 않다'는 표현을 한다. 이는 최선을 다했지만 결과가 좋지 않았다는 것을 뜻한다. 최선의 결과를 얻기 위해서는 최선의 방법이 뒷받침되어야 한다. 최선의 방법이란 바로 시험공부방법을 말한다.

 철수는 현재 대전의 K중학교에 다닌다. 철수는 현재 전교에서 2% 안에 드는 성적을 유지하고 있다. 철수의 시험 잘 치는 비밀을 들어 보면 다음과 같다.

> 저는 시험공부를 위해서 무조건 많은 공부를 하려는 생각보다는 어떻게 하면 공부를 빨리할 수 있을까를 고민해요. 어차피 주어진 시간 동안 얼마큼 공부를 많이 했느냐가 중요한 것이지 얼마나 많은 시간을 공부했느냐가 중요한 게 아니잖아요. 그래서 저는 우선 시험공부를 하기 전에 주어진 시간이 얼마 남았는가를 계산하고 주어진 시간 안에서 높은 효과를 내려면 암기력을 먼저 키워요. 암기력을 높이려면 집중력이 높아야 해요. 그래서 시험공부를 할 때는 오직 시험공부에만 신경을 써요. 그리고 암기할 내용들을 먼저 정리한 후에 내용에 맞는 암기방법을 선택해서 암기해요. 그리고 암기를 다 하고 나면 꼭 문제집을 풀어요. 문제집을 풀면서 내가 암기한 것이 다 기

- 억나는지를 체크하면서 문제해결력을 높이지요. 그러면 시험을 볼 때 기억이 잘 나요. 그리고 문제를 풀다 보면 유사 문제가 출제되니 좋은 거 같아요.

철수의 이야기를 종합해보면 시험을 잘 보기 위해서 필요한 것은 공부한 양만 중요한 게 아니라 오랫동안 기억할 수 있는 암기력과 시험문제를 잘 풀 수 있는 문제해결력이 필요하다. 이러한 것을 기본으로 공식을 만들면 다음과 같다.

시험성적 = 공부한 양 × 암기력 × 문제해결력
시험공식

시험성적은 공부한 양, 암기력, 문제 해결력이 곱셈으로 연결되어 있기 때문에 시험성적은 공부한 시간이 중요한 것이 아니라 공부의 양이다. 그러나 공부의 양만 많다고 되는 것이 아니라 암기력이나 문제해결력과 같은 요소들이 골고루 뒷받침이 되어야 한다. 결국 시험공부는 공부하는 양도 많아야 하지만 암기방법도 뒷받침이 되어야 하고, 문제해결력도 길러야 한다.

시험공부를 단순하게 암기하는 데는 벼락치기 공부가 좋지만 문제는 공부한 양이 부족하면 아무 의미가 없다. 여기에 문제해결력까지 없다면 최악의 시험공부방법이 될 수밖에 없다. 그렇다고 무작정 오랜 시간 동안 공부를 한다고 해서 해결이 되지 않는다. 시험을 잘 보기 위해서는 열심히 하는 것은 기본이고 암기력과 문제해결력을 기르는 것이 중요하다.

초등학교 시험과 중학교 시험은 다르다

초등학교에서 중학교로 입학하게 되면 아이들에게는 많은 것이 낯설다. 공부해야 할 것도 많지만 시험을 치루는 과목도 배가 된다. 중학교 시험에서 처음으로 반 석차와 전교 등수가 표시된 성적표를 받는다는 사실 자체가 아이들에게 공포가 될 수 있다.

아이들이 중학교에 입학해서 처음 보는 시험은 중학교 전체 성적을 좌우한다고 해도 과언이 아니다. 중학교에서 첫 시험은 지금까지 초등학교에서 공부한 것을 배경지식으로 하여 중학교에 들어와 공부한 것을 합쳐서 시험을 본 것과 같다. 그리고 초등학교 때까지는 성적이나 등수를 제대로 알기가 어려웠지만 중학교에서는 모든 것이 공개되기 때문에 객관적으로 평가할 수 있는 좋은 기회이기도 하다.

중학교에서는 첫 시험에 만족하는 경우들도 있지만 그렇지 않은 경우들이 더 많다. 초등학교에서 아이의 성적이 과대평가 되었던 부분들이 석차가 나옴으로 해서 현실을 깨닫게 되는 경우가 많다. 실질적으로 공부를 잘한다고 하는 아이는 상위 10%에 드는 경우이고 나머지는 공부를 대충한다거나 공부를 못한다는 평가를 듣게 된다.

초등학교에서는 단순한 지식 위주의 암기식 문제가 출제된다. 하지만 중학교에서는 시험 자체가 변별력을 요구하기 때문에 심도 있는 교과내용을 파악하는 문제들이 출제된다. 따라서 평소 공부방법이나 공부습관에도 변화를 가져와야 한다. 초등학교와 중학교의 시험 차이를 보면 다음과 같다.

과목이 증가한다

중학교에서는 초등학교보다 시험 보는 과목이 배 이상 증가하고 난이도 또한 어려워진다. 시험횟수도 두 배로 증가한다. 교육청 별로 약간 차이가 있긴 하지만 일반적으로 초등학교 때는 1년에 두 번 시험을 본다. 중학교 때는 1년에 중간, 기말, 중간, 학기말 시험을 치른다. 더욱이 수행평가도 성적에 반영되기 때문에 나름대로 성적관리에 들어가야 한다.

난이도가 높아진다

우선 중학교에서는 초등학교에 비하여 교과서의 활자도 작아지고 읽어야 할 책 수도 많으므로 빨리 읽고 요점을 바로 잡아낼 수 있어야 한다. 시험에 출제되는 용어도 어려워지고 시험의 지문도 길어진다.

출제경향

초등학교에서의 시험은 그냥 교과서 내용을 암기만 하면 기본성적은 얻을 수 있지만 중학교부터는 지식적인 부분만 출제되는 것이 아니다. 이해나 적용 같은 사고력을 요하는 문제가 출제된다. 따라서 문제집을 많이 다루어야 응용력이 생긴다.

성적 공개

초등학교 성적표는 점수와 석차가 공개되지 않아 아이가 객관적으로 어느 정도에 위치하고 있는지를 알기가 어렵다. 중학교에서는 반 석차, 전교 석차, 과목별 석차가 나타나 아이가 어느 정도의 수준에 있는지를 객관적으로 알게 된다.

중학교에서 좋은 성적을 받는 비결

초등학교에서 공부를 잘했던 아이들은 중학교에 와서도 난이도와 깊이가 달라질 뿐, 초등학교에서 다룬 중요한 원리가 이어지기 때문에 공부를 잘 할 수 있다. 그러나 중학교의 첫 시험에서 좋은 결과를 얻지 못하는 경우는 중학교 과정을 어떻게 공부해야 하는지 방법을 잘 모르거나, 초등학교에서 했던 것처럼 시험공부를 했기 때문에 시행착오라 할 수 있다. 따라서 중학교에서의 첫 시험에서는 되도록 좋은 성적을 얻을 수 있도록 부모의 지도가 절실하게 필요하다. 중학교 첫 시험을 잘 보기 위해서는 다음과 같은 지도가 필요하다.

중학교 입학 전 선행학습을 준비한다

초등학교 때 학원을 다니는 아이들은 이미 학원종합반에서 중학교 과정에 대한 선행학습을 한다. 까닭에 중학교 시험문제에 대해 어느 정도 출제경향이나 수준을 가늠하고 중학교로 입학하게 된다. 그러나 집에서만 공부한 아이들은 중학교에 입학해서 보는 첫 시험의 낯선 출제경향 때문에 당황할 수도 있다. 따라서 학원을 보내지 않더라도 초등학교 6학년 겨울방학 때는 집에서 미리 중학교

1학년 참고서를 구해 아이에게 중학교 1학년 첫 단원부터 공부하고 그에 따라 단원 평가문제를 풀어보도록 해야 한다. 이러한 준비는 아이가 중학교에 가서 어떻게 공부해야 하는지 수준을 가늠하는데 도움이 된다.

교과서 위주로 복습 하게 한다

일선 교사들은 중학교 시험문제를 출제할 때 교과서를 많이 벗어나지 않는다고 한다. 따라서 수업시간에 필기한 부분이나 중요하다고 선생님이 강조한 부분을 꼼꼼히 복습하는 것은 매우 도움이 된다. 수업 중에 사용한 프린트나 형성평가지 시험지도 빠짐없이 복습하는 것이 좋다.

중학교에서 배우는 것의 기초를 찾게 한다

아이들은 중학교에 입학해서 배우는 것이 초등학교에서 배운 것과 완전히 다른 것으로 생각하는 경우가 있다. 이러한 아이들은 초등학교에서 배운 것을 무시하고 새롭게 공부하려고 하기 때문에 학습의 양이 더욱 증가하게 된다. 따라서 아이들에게 중학교에서 배우는 것들을 초등학교 몇 학년 때 배운 것이라는 연계성을 바탕으로 확장되었다는 것을 스스로 찾도록 하는 것이 중요하다. 배경지식을 바탕으로 새롭게 확장된 것만을 기억하면 공부의 효율성을 높일 수 있기 때문이다.

내용 파악 위주로 공부한다

초등학교 때처럼 문제집 풀이 위주로 공부했을 경우 성적이 낮으면 교과서의 내용을 파악하는 위주로 공부를 하도록 한다. 특히 성적이 하위권인 경우에는 전반적으로 교과내용 이해능력이 낮기 때문에 이를 보완할 수 있는 측면에서 개입해야 한다.

자신감을 가지게 한다

중학교 첫 시험부터는 시험성적이 공개된다. 아이는 시험에 자신이 없으면 시험 자체를 두려워하게 된다. 문제는 시험을 보고 내신비율의 등급 또는 석차가 좋지 않게 성적표로 나타난 것을 보고 충격을 받을 수도 있고, 부모들의 실망이 겹치면서 시험에 대한 공포에 빠질 수도 있다. 이러한 아이들은 시험에 대한 지나친 조급함이나 불안감이 생겨 다음 시험을 잘 보기 어렵다. 따라서 아이들에게 자신감이 생길 수 있도록 칭찬과 격려를 해주어야 한다. 자신감이 생겨야 공부를 해도 재미가 있고 흥미가 붙지만, 불안감 속에서는 공부도 되지 않을뿐더러 공부를 해도 효과가 없기 때문이다.

성적이 나쁘다고 해서 낙담만 해서는 안 된다

중학교 1학년 때 시험에서 성적이 나쁘게 나왔더라도 낙심해서는 안 된다. 아이가 집중력과 성실성만 가지고 체계적으로 공부한다면 충분히 성적을 높일 수 있기 때문이다. 성실하게 노력만 한다면 초등학교와 중학교 수준의 성적 차이는 1~2년 이내에 충분히 극복할 수 있다. 실제로 초등학교, 중학교 때 월등한 성적을 내지 못한 학생들도 고등학교에 와서 높은 성적을 내는 아이들도 있기 때문이다.

다음의 표는 실제로 중학교에서 사용하고 있는 성적통지표의 일부를 제시한 것이다. 성적통지표의 '합계', '석차(동석차)/제적자 수'란은 '석차등급'을 산정한 근거를 참고로 보이기 위한 것이며, 학교생활기록부에는 본란이 없다.

성적통지표

2010학년도 1학기 2학년 1학기말 6반 1번
이름 : 홍길동   담임교사(김○○) 인

과목	지필/수행	고사/영역명 (반영비율)	만점	점수	합계	성취도	석차/재적수
국어	지필	1회고사 (35.0%)	100.0	92.0	94.7500	수	25(3)/238
	지필	2회고사 (35.0%)	100.0	93.0			
	수행	독서포트폴리오 (10.0%)	10.0	10.0			
	수행	사설(칼럼)읽기노트 (10.0%)	10.0	10.0			
	수행	학습태도평가 (10.0%)	10.0	10.0			
도덕	지필	1회고사 (40.0%)	100.0	92.0	88.8000	우	14(4)/238
	지필	2회고사 (40.0%)	100.0	80.0			
	수행	포트폴리오 (10.0%)	10.0	10.0			
	수행	발표(10.0%)	10.0	10.0			

과목	지필/수행	고사/영역명 (반영비율)	만점	점수	계	성취도	석차/재적수
사회	지필	1회고사 (35.0%)	100.0	85.0	84.9500	우	60/238
	지필	2회고사 (35.0%)	100.0	72.0			
	수행	국사학습지과제물 (10.0%)	10.0	10.0			
	수행	사회학습지과제물 (10.0%)	10.0	10.0			
	수행	서술형평가(10.0%)	10.0	10.0			
미술	지필	2회고사(30.0%)	100.0	88.0	96.4000	우수	/
	수행	표현1(30.0%)	30.0	30.0			
	수행	표현2(30.0%)	30.0	30.0			
	수행	태도1(10.0%)	10.0	10.0			
영어	지필	1회고사(40.0%)	100.0	79.0	80.4000	우	53/238
	지필	2회고사(40.0%)	100.0	77.0			
	수행	듣기(10.0%)	10.0	9.0			
	수행	쓰기(10.0%)	10.0	9.0			

선택과목

과목	지필/수행	고사/영역명 (반영비율)	만점	점수	계	성취도	석차/재적수
컴퓨터	지필	1회고사(25.0%)	100.0	95.0	92.5000	수	35/238
	지필	2회고사(25.0%)	100.0	95.0			
	수행	타자검정(20.0%)	20.0	17.0			
	수행	자료구조(20.0%)	20.0	18.0			
	수행	학습활동(10.0%)	10.0	10.0			

한문	지필	1회고사(30.0%)	100.0	83.0	90.9000	수	59(2)/238
	지필	2회고사(30.0%)	100.0	100.0			
	수행	과제물(20.0%)	20.0	20.0			
	수행	한자시험(20.0%)	20.0	16.0			

출결상황

수업일수	결석질병	결석무단	결석기타	지각질병	지각무단	지각기타	조퇴질병	조퇴무단	조퇴기타	결과질병	결과무단	결과기타	특기사항
106	0	0	0	0	0	0	0	0	0	0	0	0	

가정통신문

개별 가정통신

길동이는 매우 성실하며 의리가 있어 급우들에게 신뢰도가 매우 높습니다. 수업시간의 집중력도 뛰어나 모든 교과가 우수하지만 수학과목에 대한 흥미와 관심부족으로 성적이 현저히 저조합니다. 방학 동안에 수학공부에 대한 흥미를 갖고 기본학습을 충분히 할 수 있도록 많은 지도를 바랍니다.

전체 가정통신

안녕하세요?
부모님의 적극적인 관심과 사랑 속에 벌써 한 학기를 마무리하게 되었습니다.

1학기말 결과를 보내드립니다.
그동안 열심히 노력한 결과이기에 성적결과를 잘 분석해 보시고 칭찬과 함께 격려 부탁드립니다.

부모님이 자녀를 믿어주는 것보다 더 큰 칭찬은 없다고 합니다.
한 학기 동안 학급 일에 관심을 가져주시고 협조해주신 학부형님께 감사드리며 건강한 여름 보내시길 바랍니다.
댁내 가정에 평화를 기원합니다. 안녕히 계세요.

2학년 6반 담임 드림

우리 아이 '성적표' 어떻게 읽지?

초등학교에서 받은 우리 아이의 성적표는 성취도만 나오고 내용도 간단하여 쉽게 이해할 수 있었다. 그러나 중학교에 올라가서 받는 성적표는 기재되는 항목도 많고 복잡하다. 아이의 성적표를 정확히 읽지 못하면 아이가 어떤 상황에 있는지, 무엇이 필요한지를 알 수가 없다. 따라서 성적표를 보고 우리 아이의 현실을 정확히 읽을 수 있어야 한다.

인터넷으로 성적 확인하는 방법

성적에 자신 없는 학생들은 시험을 보고도 성적표 언제 나오느냐는 부모의 질문에 매일 아직 안 나왔다고 답하는 경우가 있다. 이제는 더 이상 아이의 성적표를 기다릴 필요가 없다. 인터넷상으로 확인할 수 있기 때문이다.

아이가 초등학교 때부터 나이스(http://www.neis.go.kr/)에 가입해서 아이의 성적을 확인한 부모는 문제가 안 되지만, 나이스를 모르는 분은 우선 나이스에 가입해야 한다. 나이스에 가입해서 성적을 확인하기 위해서는 학부모가 공인인증서를 통하여 담임선생님으로부터 승인을 받은 후에 이용이 가능하다. 승인을 받은 후 '내 자녀 바로 알기' 사이트에서 성적과 기타 학적부의 기록 사항들을 확인할 수 있다.

요즘 성적표를 보면 점수와 그로 인해 석차 등급 등이 나와 있다. 뿐만 아니라 평가방법에 있어서도 지필평가만 나오는 것이 아니라 수행평가도 같이 나온다. 따라서 어떤 항목이 무엇을 나타내는지 잘 모르는 경우가 있다. 성적표를 정확히 읽지 못하면 아이의 성적이 어느 정도인지를 알기가 어렵다. 아이의 성적표를 읽는 방법을 보면 다음과 같다.

성적표 양식은 학교마다 차이가 있지만 일반적인 것은 아래와 같다. 아

래의 표를 보면 '홍길동'의 합계는 지필평가 및 수행평가의 반영비율로 받은 점수를 합계로 나타낸다.

성적 통지표 읽는 방법

- **과목** : 학생이 이번 시험에서 시험을 본 과목
- **지필/수행** : 성적 산정이 지필(시험)인가 수행인가를 구분한다.
- **수행평가** : 수행평가는 평가방법이 과목별로 선생님별로 다양하게 적용하고 있다. 학교에 따라서 수행평가를 중간고사에 포함시키는 학교가 있고, 기말에만 반영하는 학교가 있다.
- **고사/영역명(반영비율)** : 고사는 1회고사는 중간고사에서 본 것이고, 2회고사는 기말고사에서 본 것을 말한다. 반영비율은 합계에 나오는 점수를 차지하는 비율을 말한다. 예를 들어 1회고사 반영비율이 35.0%인데 100점을 맞으면 계에 35점이 반영되는 것을 말한다.
- **만점** : 해당 영역별 만점을 말한다.
- **점수** : 역역별 획득한 점수를 말한다.
- **합계** : 과목별 전체 획득한 점수들의 반영비율의 합이고 과목의 점수다.
- **성취도** : 과목별 계에 의하여 수, 우, 미, 양, 가를 매긴다.
- **석차/재적수** : 석차는 전채 재적생 수 중에서 등수를 말하는 것이며, ( )안에 들어 있는 숫자는 석차가 같은 동석차 수를 말한다. 재적수는 전체 학년 수를 말한다. 결국 석차는 몇 명 중에서 몇 등을 했다고 읽으면 된다. 석차는 예체능 교과에서는 성취도까지만 표기하고 석차는 표기하지 않는다.
- **선택과목** : 학생이 선택하여 수강하고 있는 과목으로 선택과목은 학생에 따라서 다르게 나타난다.
- **출결상황** : 학생이 일정한 기간 동안 수업일수에 비하여 출결과 조퇴, 결과 횟수를 알 수 있다.
- **가정통신문** : 가정통신문은 교사가 개별 학생에 대한 개별 가정통신과 전체 학생들을 대상으로 하는 전체 가정통신문이 있다.

시험범위 전체를 살피면 공부가 보인다

중학교 전체의 시험범위를 보면 중학교에서 무엇을 어떻게 공부해야 하는지 윤곽을 알 수 있다. 물론 학교나 교육청 별로 시험범위의 차이는 있을 수 있지만 대부분은 중학교 1학년은 [부록 3], 2학년은 [부록 4], 3학년은 [부록 5]와 같이 시험이 진행된다.

각 학년별 과목별로 시험범위를 보면 알 수 있듯이 각 과목에서 배우는 내용은 그 시기에만 배우고 다음 학기에서는 완전히 새로 배우는 것이 아니다. 대부분 1학년 때 배우는 내용이 기초가 되거나, 2학년이나 3학년 때까지 지속적으로 발전하거나 연결되어 있음을 알 수 있다. 따라서 중학교 1학년 때 시험공부를 제대로 하지 않아도 2, 3학년 때가서 열심히 하면 된다는 생각은 버려야 한다. 초등학교에서 배운 곱셈과 나눗셈이 중학교에 와서 기본지식이 되었듯이 중학교 1학년 때 배운 내용이 중학교 전체를 결정하게 된다. 이러한 기본지식은 고등학교에서도 기본이 된다는 사실을 명심해야 한다.

벼락치기식 시험공부를 하는 학생들은 시험시기만 공부하게 되기 때문에 시험을 보고 나서는 다 잃어버리게 된다. 이렇게 하는 공부방법은 학년이 높아지면서 기초가 부족해지고 특히 중요과목인 국어, 영어, 수학 같은 과목에서는 높은 점수를 받기가 쉽지 않다.

중학교에서 시험을 잘 보기 위해서는 우선 각 학년별 시험범위를 보고 각 학년별로 무엇을 배우고, 과목별로 무엇을 시험 보는

지를 파악하는 것이 좋다. 미리 시험범위에 대한 파악을 통해서 얻을 수 있는 장점은 다음과 같다.

미리 시험공부 계획을 세울 수 있다

중학교 전체의 시험범위를 보면 학년별로 과목별로 얼마나 공부해야 하는가, 언제쯤 시험을 보게 되는가를 예측하여 미리 시험공부 계획을 세울 수 있다.

예를 들어 중학교 사회는 1학년 1학기에는 지역과 사회탐구, 중부지방, 남부지방을 공부해야 되고, 2학기에서는 유럽의 생활과 아메리카 및 오세아니아의 생활, 인간사회와 역사, 인류의 기원과 고대문화형성, 아시아사회의 발전을 공부해야 한다. 2학년 1학기에서는 유럽세계의 형성, 서양근대 사회의 발전과 변화를 공부해야 하며, 2학기에는 현대세계의 전개, 현대사회와 민주시민, 개인과 사회의 발전을 공부해야 한다. 3학년 1학기에는 민주정치와 시민 참여, 민주시민과 경제생활, 시장경제의 이해를 공부해야 하고, 2학기에는 현대사회의 변화와 대응, 자원개발과 공업발달 등을 공부해야 한다. 사회는 말 그대로 사회 현상에서 일어나는 것이다.

배경지식을 준비할 수 있다

중학교 전체의 시험범위를 보면 교과별 단원별로 관련 있는 기본 지식이나 배경지식이 될 수 있는 독서를 하거나 정보를 모아둘 수 있다.

앞에 들었던 사회과목의 예를 들면 중학교 전체의 범위에 맞게

끔 한국지리나 세계사에 관련된 도서들을 읽어 전반적으로 사회과목에 대한 이해를 높이고 배경지식을 만들면 시험공부에 도움이 된다.

교과별로 내용의 연관성과 중복성을 파악할 수 있다

중학교 전체의 시험범위를 보면 교과별로 연관성과 중복성을 파악해서 시험공부의 난이도를 조절할 수 있다. 예를 들면 중간고사 시험과 기말고사 시험이 서로 연관이 많이 되어 있을수록 중간고사 공부를 많이 해서 장기기억으로 만들어 놓는 것이 좋다.

 수학을 보면 1학년 1학기 기말고사에서는 문자와 식, 방정식, 비례와 함수를 공부해야 하며, 2학년 1학기 기말고사에서는 방정식과 부등식, 일차함수를 공부해야 한다. 여기를 보면 1학기 기말고사에서 공부했던 내용의 심화로 2학년 1학기 기말고사에서 출제되므로 1학년 때는 방정식에 대해 공부할 때 2학년 때 나오는 방정식을 선행학습을 해두는 것도 좋다. 2학년 때 방정식을 배울 때에는 1학년 때 배웠던 내용들을 다시 한번 검토해 보면 기초를 다지는데 도움이 된다.

chapter 02

시험,
뿌리 알면
정답 찍는다

출제자 속뜻 알려면 기출문제 풀어라
성적은 시험성적만 보는 것이 아니다
문항작성에도 지름길이 있다
주관식과 객관식 비율은 3:7이다
시험문제는 배운 내용만 나온다
시험영역을 눈여겨 보라
지난해 기출문제는 '카멜레온'
부정적인 문제는 출제비중이 아주 낮다
스스로 문제를 출제하면 정답이 거기 있다

엄마표 시험 공략법

새로운 곳으로 여행을 가려면 인터넷을 통해서 위치나 거리, 가볼만한 곳을 미리 조사하게 된다. 시험을 잘 치기 위해서도 먼저 시험에 대한 과목별로 출제원칙이 어떤가를 알아야 한다. 시험출제원칙은 시험을 출제할 때마다 기준이 되는 규칙을 말한다.

 시험공부 과정 중에서 어느 것도 소홀할 수는 없지만 우선 출제원칙을 알아야만 시험을 잘 볼 수 있게 된다. 출제원칙을 기준으로 과목마다 시험범위와 공부방법을 선택하고, 시험계획표를 작성하여 순서대로 공부하면 원하는 결과를 얻을 수 있다. 만약 시험출제원칙을 모르고 시험을 보게 되면 시험에 나오지 않는 것만 공부를 하게 되어 열심히 공부는 했지만 결과는 좋지 않게 나올 수밖에 없다. 시험에서 고득점을 하기 위해서는 시험출제기준을 정확하게 아는 것이 중요하다. 그래야 공부에 적은 시간을 투자하고도 좋은 결과를 얻을 수 있다.

 모든 학교의 시험은 선생님들이 임의적으로 문제를 출제하는 것이 아니라 일정한 원칙을 가지고 출제를 한다. 초·중·고등학교의 내신시험 출제원칙은 각 시도 교육청마다 차이가 있지만 일반적인 원칙을 가지고 있다. 물론 학교마다 또, 선생님마다 문제를 출제하는 형식이 조금씩 차이가 있긴 하다. 내신시험 출제원칙은 다음과 같다.

출제자 속뜻 알려면 기출문제 풀어라

일명 족집게 강사라고 하는 사람들은 학생들에게 시험에 나올 수 있는 가능성이 높은 문제를 많이 알려 주는 사람들을 말한다. 이것은 대단한 것이 아니라 오랫동안 해당 과목을 가르쳐 본 사람이라면 어느 정도의 출제 원칙을 알고 무엇이 중요한지를 알기 때문에 그 부분만 가르치면 되는 것이다. 더 중요한 것은 선생님들이 시험문제를 출제할 때 어떤 문제 유형을 많이 출제하는 지만 알게 되면 그 문제만 공부하면 된다.

학생이라도 시험출제원칙이나 시험출제자의 시험출제 의도만 알면 시험에 나오는 것만 골라서 공부할 수 있게 된다.

수험생의 입장에서 시험을 잘 보려면 시험범위 안에 있는 모든 내용을 암기해야 한다고 생각하기 쉽다. 그러나 시험문제를 출제하는 사람 입장에서는 중요한 게 정해져 있기 때문에 시험범위가 많아도 시험문제를 출제할 수 있는 문제는 그리 많지 않다. 뿐만 아니라 출제자 입장에서 시험을 1~2회 출제하다 보면 웬만한 것들은 이미 시험문제로 출제해서 새롭게 문제를 만드는 것도 힘들다. 그 때문에 선생님들은 시험문제를 출제할 때 긴장도 하고 스트레스도 받는다. 하지만 시험문제를 많이 출제할수록 습관적으로 하게 되고, 중요한 것만 보이기 때문에 그 부분을 계속 출제할 수밖에 없다.

희정이의
시험 잘 치는 비결

희정이는 현재 서울의 S중학교에 다닌다. 희정이는 현재 전교에서 1% 안에 드는 성적을 유지하고 있다. 희정이의 시험 잘 치는 비밀을 들어보면 다음과 같다.

저는 시험공부를 하기 전에 우선 지금 가르치는 선생님이 예전에 출제했던 문제들을 구해서 풀어 봐요. 작년에도 똑 같은 과목을 선배들 대상으로 가르쳤다면 선배들에게 찾아가서 시험지를 구해요. 그리고 새로 오신 선생님이면 기출문제를 공개하는 사이트에 가서 그 전에 근무했던 학교에서 출제했던 문제를 구해요. 아니면 학원에 가면 미리 작년부터 모아 놓은 게 있어서 쉽게 구할 수 있어요. 그렇게 기출문제를 풀다보면 선생님이 주로 어떤 문제를 좋아하는지, 문제를 꼬아서 내는지, 평범하게 내는지를 알게 되요. 더불어 그 선생님이 무엇을 중요하게 생각하는 지도 알게 되니 그것만 공부해도 모든 것을 공부하는 것보다 시간상으로 많이 남아요. 더욱 좋은 것은 기출문제와 똑 같은 문제도 나오지만 비슷하게 바꾼 문제도 많아요.
기출문제를 간혹 구하지 못하는 과목은 문제집을 많이 풀어 봐요. 문제를 풀다 보면 이 단원에서는 무엇이 중요하다는 것을 알게 되요. 문제를 몇 가지 풀다보면 여기 저기 출제되는 것은 결국 중요한 거잖아요. 그러니 선생님의 출제 성향을 알기 쉬운 거지요.

희정이의 시험공부방법은 미리 기출문제를 구해서 풀어보는 것이었다. 희정이는 출제자의 의도를 정확히 파악한다면 시험에 나오는 것만 골라서 공부를 할 수 있게 되며, 아무리 시험문제를 꼬아서 출제를 했다고 하더라도 정답을 찾아내는 능력이 생긴다고 했다. 더욱 좋은 것은 기출문제를 풀다보면 기출문제와 똑 같은 문제나 비슷하게 변형된 문제들을 만날 수 있었다는 것이다.

 출제자의 의도를 파악하는 방법은 출제자가 이미 출제했던 시험문제를 미리 구해서 풀어보는 것이다. 기출문제를 통해서 파악할 수 있는 것은 시험문제를 내는 교사의 취향이나 습관이 무엇인지를 아는 것에서부터 시작된다. 예를 들면 교사가 문제 유형 중에 객관식보다 주관식을 좋아하면 주관식 문제를 많이 낼 것이고, 영역 중에서도 지식보다는 이해나 적용 영역을 중요시하면 공부한 것을 암기하는 것이 아니라 암기한 것을 이해하거나 적용하는 문제에 대비해서 공부해야 한다는 것이다.

성적은 시험성적만 보는 것이 아니다

초등학교에서는 학교시험만 반영되는 경우가 많다. 그러나 중학교에 들어오면 평가방법이 다양해지고 이것들을 반영하는 학교가 많다. 즉 학교성적에는 시험성적만을 반영하는 것이 아니라 다양한 평가요소들이 반영된다는 것이다. 우선 학교성적에 반영하는 것들이 무엇인가를 알기 위해서는 학교에서 하는 평가에 대해서 알아야 한다.

학생들에 대한 평가는 매우 다양하다. 평가의 목적 및 학습과정에 따라 진단평가, 형성평가, 총괄평가, 수행평가로 나눌 수 있다. 평가 중에서 우리가 시험이라고 하는 것은 통상적으로 총괄평가라고 해서 월말고사, 기말고사, 학년말고사, 모의시험 등으로 부른다.

학교성적에 반영되는 것은 총괄평가인 시험만 반영되는 것이 아니라 수행평가도 성적에 반영되며, 교사에 따라 형성평가를 평소 성적에 반영하기도 한다. 따라서 전체성적에는 형성평가나 수행평가가 반영되기 때문에 학생이 시험을 잘 보았다고 해도 전체 성적이 떨어질 수 있다. 그 이유는 형성평가나 수행평가 점수가 낮기 때문이다.

성적을 높이기 위해서는 시험을 잘 보는 것도 중요하지만 다양한 평가방법에 대해 알고 대처하는 것이 중요하다. 평가방법은 다음과 같다.

진단평가

진단평가의 목적은 강의가 시작되기 전에 실시되는 학습자들의 선수학습 정도, 학습결손 유무, 그리고 학습자들의 흥미, 적성, 동기 등과 같은 심리적인 특성을 알아보는 것이다. 이 심리적인 특성에 따라 알맞은 교재를 선택하거나 효과적인 강의절차와 방법을 모색하는 데 그 뿌리가 있다. 따라서 강의계획서나 학습지도안을 작성할 때 학습자 특성이 반드시 반영될 수 있도록 하기 위해 진단평가를 사용한다.

형성평가

형성평가는 강의가 진행되는 과정 중에 학습자들이 학습목표 달성을 위해 학습의 진전을 보이고 있는지를 평가하는 활동을 말한다. 형성평가 때 교수는 평가결과에 대한 적절한 피드백을 학습자들에게 주어야 하며, 평가결과를 교육과정 및 강의방법 개선에 사용한다. 형성평가는 쪽지시험이라 부르기도 한다.

총괄평가

총괄평가는 학습내용에 대한 일정한 기간이 지난 후, 전체적으로 판정하기 위한 평가활동에 사용한다. 예를 들자면 한 학기 강의가 모두 끝난 후 그동안의 학습내용을 학습자들이 어느 정도 성취했는가를 살펴보는 것이다. 총괄평가는 통상적으로 월말고사, 기말고사, 학년말고사, 모의시험 등으로 부르기도 한다.

수행평가

수행평가는 학습자들이 교과의 개념을 진정으로 이해하고 문제 상황이 주어졌을 때 실제적으로 문제를 해결할 수 있는지를 평가하기 위해 만들어지는 과제를 의미한다. 수행평가는 학습자가 실제적 수행과정을 통하여 문제를 해결하고 구체적인 결과를 산출하는 능력을 평가한다.

수행평가는 통상적으로 보고서를 작성해서 제출하는 것으로 하기도 하지만 발표, 실기, 실험, 관찰을 평가하기도 한다. 교사에 따라서는 수행평가 안에 태도, 노트필기 검사 검수, 출결 점수 등을 수행평가 점수로 인정하기도 한다.

문항작성에도 지름길이 있다

시험문제를 작성할 때 교사들은 나름대로의 문항작성 요령을 가지고 있다. 문항작성 요령은 문제를 출제할 때의 원칙이므로 문제를 출제할 때 해서는 안 될 일과 출제하는 방법을 정한 것이다. 문항작성 요령은 교사들에게는 문항을 작성하기 위한 원칙이며, 학생들에게는 문제를 풀 때 혼란을 줄이기 위한 제도적인 장치이기도 하다.

문항작성 요령은 학교에서 교사들이 연수를 받기도 하고, 학교마다 문항작성 요령을 가지고 있는 학교들이 많다. 교사들이나 학교의 문항작성 요령을 보면 시험공부를 할 때 어떻게 공부해야하는지를 예상할 수 있다. 학교 현장에서 사용하는 문항작성 요령은 다음과 같다.

- 문항을 작성할 때는 가능한 간결하고, 그 뜻이 명백하게 표현되어야 한다. 문항이 복잡하고 무슨 뜻인지 명확하지 못하면 학생들은 문제를 제각각 인식하여 혼란을 초래하게 된다. 따라서 문항을 작성할 때는 모든 응시자가 동일하게 해석 또는 이해할 수 있도록 간결하고, 명백하게 문제를 출제해야 한다.

- 문항에 쓰는 문장은 잘 다듬어져야 하며, 답을 찾아내는 데 꼭 필요한 말만 골라 간결하게 표현하고 이해하기 쉽도록 기술하여야 한다. 아무리 좋은 문제도 문제가 거칠거나 너무 자세한 설명을 하면 학생들에게 혼란을 주거나 문항 안에서 답을 찾을 수 없게 된다.

- 정답을 찾아내는 데 필요한 조건은 모두 제공해야 하며, 명확한 의미를 갖지 않는 용어는 피해야 한다. 예를 들면 '거의', '대개', '어느 정도', '좀', '약간', '많다', '적다', '흔하다' 등의 용어는 읽는 학생들마다 다르게 인식할 수 있으므로 명확하지 않은 용어를 사용해서 문제를 출제하는 것을 피하고 있다.

- 지나치게 세부적이고 특수한 사실을 다룬 문항은 삼가야 한다. 문항을 작성할 때 교사들이 난이도가 높은 문제를 출제하다 보면

교과서의 범위를 넘어 너무 세부적이고 특수한 사실들을 사용하게 되는 경우가 간혹 있다. 이러한 문제를 만나면 학생들은 문제를 어렵게만 인식하게 되거나 시험범위 밖에서 출제했다고 생각하게 된다. 이러한 경우 학생들은 시험범위 밖에서 출제된 문제에 대해 항의를 하는 경우가 발생하여 다 맞게 해주는 사례도 있다. 따라서 교사들은 교과서의 시험범위 내에서 학생들이 가진 일반적인 사고에 의해 풀 수 있는 문항들을 출제해야 한다.

- 문항 속에 불필요한 말이나 허위사실을 끼워 넣지 않도록 한다. 문항은 간결하게 해야 하기 때문에 문제를 푸는데 있어 불필요한 말을 넣어서는 안 된다. 여기에 학생들에게 혼란을 주기 위해서 있지 않은 허위의 사실을 써서 문제를 출제할 수 없게 되어 있다. 그러나 학교 현장에서는 가끔 이러한 문제를 출제하는 경우가 생기기도 한다. 이런 때는 해당 문항 자체가 틀려서 모든 학생들을 맞게 해주어야 하는 경우가 생긴다.

- 같은 기간에 출제된 문항들 간에는 내용이 서로 중복되지 않도록 해야 한다. 문항이 중복되는 문제를 출제하다 보면 문항끼리 힌트를 줄 수 있으므로 이러한 문제도 출제를 하지 않게 된다. 따라서 같은 내용에 대해서 여러 개의 문제가 출제되었을 때는 자세히 읽어 보면 문제를 푸는데 힌트를 발견할 수 있다.

주관식과 객관식 비율은 3:7이다

시험을 출제할 때는 평가의 변별력을 높이기 위하여 주관식과 객관식의 비율은 3:7을 유지하도록 되어 있다. 객관식은 흔히 지문 중에서 고르는 선다형으로만 알고 있는데 그뿐만이 아니다. ○·× 문제, 완성형 문제, 상호연결 문제 등도 객관식이라고 한다. 주관식은 통상적으로 짧은 단답형 답을 요구하는 문제를 말하나 요즘에는 서술형, 논술형 문제들의 비중이 증가하고 있다.

정답을 찾기 위해 요구되는 능력은 내용과 관계없이 주어진 형태에 따라 다르다. 가장 많이 사용되는 일반적인 형태는 선다형의 객관식과 단답형 주관식이 많이 출제되고 있다. 이들은 제각각 서로 다른 장단점들을 가지고 있다. 어느 것을 사용하느냐 하는 것은 개인별 또는 과목의 특성에 따라 다르다. 객관식과 주관식의 차이점은 다음과 같다.

객관식 문제

일반적으로는 잘 고안된 선다형의 객관식 문제들이 주관식 문제들보다는 더 합당하고 신뢰성을 가진다. 이것은 선다형이 문제들을 훨씬 많이 만들 수 있음으로 보다 광범위하고 많은 표본적 문제들을 다룰 수 있다. 더불어 학습자들의 수준을 구분하는 것이 쉽고 채점의 일관성이 실제적으로 보장되어 있다.

객관식 문제들이 가지는 주요 약점들은 만들기가 어렵고 또 사실들에 대한 암기력만을 요구하는 문제들을 만들 수 있다는 것이다.

요즘 객관식은 문제당 5개의 지문을 제시하여 학습내용을 암기한 것만을 평가하는 것이 아니다. 배운 지식에 따른 이해의 정확도와 그 응용력을 요구하는 질문들이 출제되고 있다.

주관식 문제

주관식 문제는 지식이나 이해를 묻는 객관식 문제보다 분석과 종합이란 높은 수준의 인지능력을 측정할 수 있다. 객관식 문제는 찍을 수도 있고, 대충 공부해도 된다. 하지만 주관식을 풀기 위해서는 정확히 알아야만 쓸 수 있기 때문에 객관식 시험보다 더 많은 노력을 기울여야 한다.

주관식 문제들 중 서술형 논술형 문제는 사실적인 자료들을 암기한다고 해서 답을 잘 쓸 수 있는 것이 아니다. 복잡한 사고력, 비판적인 사고력, 문제 해결력 등을 요구하고 문장이나 문단으로 의사 소통력을 발휘할 것을 요구한다.

주관식 문제가 가지는 단점은 시험범위 내의 내용들을 모두 다룰 수 없고 단편적인 지식만을 다루기 때문에 상당히 제한적일 수 있다. 주관식 시험을 본 학생들이 가끔 '공부한 내용이 반영되지 않았다'든지 '훨씬 많이 공부했는데도 성적이 낮다'는 불평을 할 수 있다.

객관식 문제는 OMR카드에 체크만 하면 자동적으로 채점이 되어 교사들의 업무를 가볍게 한다. 하지만 주관식 문제는 학생마다 일일이 채점을 해야 하고 실수해서 채점이 틀리면 행정적으로 불편한 일이 생긴다. 따라서 주관식보다는 객관식 문제를 선호할 수

밖에 없다.

 학교에서 주관식 문제를 출제할 때는 유사답안이나 부분점수를 어떻게 인정할 것인가를 고려하고 출제를 하게 된다. 주관식은 말 그대로 학습자의 주관을 평가하는 것이기 때문에 정확한 정답을 정하기가 쉽지 않다. 또한 교사와 학생들의 시각차이나 교재들마다 다른 정보들의 차이에 의해 답이 달라지기도 한다.

 교사들은 객관식이나 주관식 어느 것을 사용하던지 그 시험의 적합성과 신뢰성을 높이 유지하는데 중점을 두고 있다. 교사들이 평가의 편리함 때문에 객관식 문제만 출제하는 것을 방지하고, 평가방법을 다양화하게 하기 위하여 교육청별로 주관식과 객관식의 비율은 3:7을 유지하도록 되어 있다.

시험문제는 배운 내용만 나온다

시험을 보고 나온 학생들이 가끔 '안 배운 문제가 출제되었다'라고 말하는 경우가 더러 있다. 이러한 이야기가 납득되지 않는 이유는 모든 시험문제는 반드시 배운 내용을 원칙으로 출제하게 되어 있기 때문이다. 실제로 교사들은 문제를 출제할 때 시험문제 외에 이원목적 분류표를 의무적으로 작성하게 되어 있다. 문항분석지에는 문항, 문제, 정답, 문제유형, 난이도, 영역, 유사답안, 출제근거를 적도록 되어 있다.

 교사들이 시험문제를 내는 것은 어렵지 않다. 하지만 문항 분석지는 말 그대로 문제를 분석하여 모든 규칙에 맞게 문제를 출제해야 하므로 상당히 신경을 써야 하는 부분이다. 교사들이 시험을 보기 전에 상당히 긴장되어 있는 것을 보면 시험문제 출제가 부담이 됨을 알 수 있다. 이원목적 분류표_{문항 분석지}는 학교마다 다르지만 일반적으로 다음과 같은 형식으로 사용한다.

   문제유형은 문제가 주관식인가, 객관식인가를 구분하도록 되어 있다. 난이도는 시험문제의 난이도에 따라 상중하로 나누되 통상적으로 30:40:30으로 나누어 출제한다. 영역은 시험을 출제할 때 과목에 따라 다르지만 일반적으로 시험문제가 지식, 이해, 적용, 분석 등 4가지 중 어느 부분인가를 체크하게 되어 있다. 유사답안은 시험의 정답은 있지만 학생들이 다르게 적거나 비슷하게 적어

이원목적 분류표(문항 분석지)

문항	문제	정답	문제유형	
			객관식	주관식
1	우리나라의 국화는?	①	○	
2	거북선을 만든 사람은?	이순신		○
3				
4				
5				
6				
7				
8				

점수로 인정해주는 답을 말한다. 출제근거는 시험문제를 내기 위해서 근거가 무엇인지를 적는 것이다.

난이도			영역				배점	유사 답안	출제 근거
상	중	하	지식	이해	적용	분석			
		○	○				3		25P
	○		○				3		30p

강남 족집게 이 선생이 말하는
시험 잘 치기 비법

　강남에서 S중학교에 다니는 중학생들을 대상으로 5년째 과외를 하며 '족집게 선생'이라 불리는 이 아무개 선생은 "위에 있는 문항 분석지를 보듯이 교사가 시험문제를 출제했을 때는 반드시 출제근거로 교과서 몇 페이지에서 출제했는지를 적게 되어 있기 때문에 교과서 이외에서 출제를 하는 것은 원칙적으로 불가능하다."고 말한다.

　이 선생은 "교사들은 수업 중에 중요한 것이나 시험에 출제되는 문제들을 '이번에 시험에 출제한다', '이건 매우 중요한 것이다', '시험에 자주 출제된다' 등으로 예고하는 경우가 많다."며 "학생들은 이러한 부분을 교과서에 밑줄을 쳐놓고 그 부분만 공부를 해도 90점 이상은 받을 수 있다."고 자신한다.

　그는 "교사가 시험을 출제할 때 참고하는 도서는 교과서와 강의내용 및 유인물을 기준으로 하고 있다."라며 "학생들이 '안 배운 문제가 출제되었다'라는 이야기는 수업시간에 제대로 수업을 듣지 않았다는 것이며, 부모의 시험결과를 묻는 질문에 시험을 잘못 보았다는 것에 대한 변명이라고 볼 수밖에 없다."고 잘라 말했다.

　그는 또 "과거에는 시험문제가 시험범위 밖에서 출제되거나 교사가 가르치지 않은 범위에서 출제되어도 학생들이 이해를 하고 넘어갔다."며 "요즘에는 학생들이 해당 교사를 찾아가 항의를 하거나 학교 홈페이지에 글을 올려 이의를 제기하기 때문에 교사들은 되도록 자기가 가르친 범위 안에서만 시험을 출제하려고 한다."고 귀띔한다.

　이 아무개 선생의 말에 따르면 결국 시험을 잘 보는 방법은 대단한 방법이 아니라 수업시간에 선생님이 가르쳐 준 내용을 바탕으로 중요하다고 강조하는 부분들을 선별해서 공부하면 된다는 것이다. 이렇게 하면 학생들은 굳이 시험범위 전체를 무조건적으로 공부하는 수고를 덜 수 있게 된다. 학생들이 시험을 잘 보기 위한 지름길은 결국 수업을 잘 듣고, 교사가 강조하는 부분에 밑줄을 치며, 노트에 옮겨 적는 것이다. 시험 때가 되면 이 부분만 다시 한번 읽고 가더라도 90% 이상 득점이 가능하다는 것이다.

 ## 시험영역을 눈여겨 보라

초, 중등학교에서는 시험문제를 출제할 때 이원목적 분류표_{문항 분석지}를 작성하여 영역별로 출제하도록 되어 있다. 모든 교사들은 시험을 출제할 때 시험문제를 지식, 이해, 적용, 분석, 종합, 평가 등 6개 영역으로 출제하고 이를 분류하도록 되어 있다.

평가영역은 각 학교에서 정해야 할 사항으로 되어 있다. 현재, 우리나라 초등학교에서 구분하고 있는 평가영역을 보면 몇 가지 유형이 있다. 가장 일반적인 것은 위에서 설명한 행동영역에 따른 분류이다. 하지만 이 모든 영역을 사용하기도 하지만 지식, 이해, 적용 등 3가지만 사용하는 경우도 있다. 결국 시험은 영역별로 출제되기 때문에 내가 시험을 보기 위해 공부하는 내용들을 지식, 이해, 적용, 분석, 종합, 평가 등 6개 영역으로 나누어 보면 문제의 중요성과 출제경향을 파악할 수 있다.

교육학자 블룸_{Bloom}은 사람이 지식을 얻는 과정을 암기, 이해, 적용, 분석, 종합, 평가의 6단계로 나누었다. 이들 중 뒤의 것일수록 더 고급적인 사고력이다. 다시 말하면 '암기'의 결과로써 얻는 지식은 주로 '사실'에 해당하는 지식이며, '적용' 이상의 인지작용의 결과로써 얻는 지식은 '개념'이나 '일반화'를 말한다. 그러므로 개념과 일반화를 평가하는 것은 '이해' 이상의 영역으로 측정해야 한다.

개념과 일반화 _{혹은 고급 사고력}를 평가하는 방법으로는 지필평가도 있고, 관찰 등의 방법도 있다. 요즘에는 지필평가의 방법이 이러한 능력을 평가하는 데 적절하지 못하다는 것이 강조되면서 시험에

서술식과 논술식을 포함해가는 추세다.

영역별 평가방법은 정해져 있지만 문제를 정확히 구분하는 것은 쉽지 않다. 단순하게 암기한 것을 묻는 문제는 지식영역이라 할 수 있다. 지식영역은 여기에 나머지 지식을 바탕으로 새로운 것을 찾도록 더하는 것으로 되어 있다.

지식영역

시험에서 다루는 지식에는 사실적 지식, 기본 개념 및 원리, 일반화가 있다. 사실적 지식이란 특정 공간과 특정 시간에 일어난 사건에 관한 지식을 말한다. 예를 들어 '1948년에 독립하였다'는 것은 특정 시간에 일어난 사건에 관한 지식이며, '대한민국은 여러 나라 중의 하나다'라는 지식은 특정 공간에 관한 지식이다.

시험 공부할 내용에는 사실에 관한 지식이 수없이 많다. 예전의 시험은 이러한 사실에 관한 지식을 주로 출제했다. 그러나 사실에 관한 지식들은 여러 현상을 제대로 설명하지 못한다. 예를 들어, 전화기의 발명에 관련된 지식은 1회적인 것이며, 그것은 다른 현상에 적용하거나 응용할 수 없는 지식이다. 사실적 지식은 또 그 수명이 매우 짧다. 예를 들어 대통령제에 관한 지식은 헌법이 바뀌면 거기에 따라 바뀌어야 하는 성질의 단편 지식이다.

이해영역

예 | 자료에 포함되어 있는 의미 파악, 해석, 추리할 수 있는 능력이나 내용을 해득하는 능력을 판별하는 영역을 말한다.

다음 글이 설명하고 있는 내용으로 가장 알맞은 것은? [3점]

> In their free time, some people enjoy sports. They play tennis or baseball. Some like games. They play chess or computer games. Others enjoy art. They enjoy playing the piano or painting pictures.

① 관습 ② 예절
③ 규칙 ④ 취미
⑤ 직업

정답 ④

여가시간에 스포츠, 게임, 예술과 같은 것을 즐기는 것에 대해 나와 있으므로 ④ 취미가 정답이다.

 아래 지도에 표시된 지역에 대한 설명으로 옳은 것은?

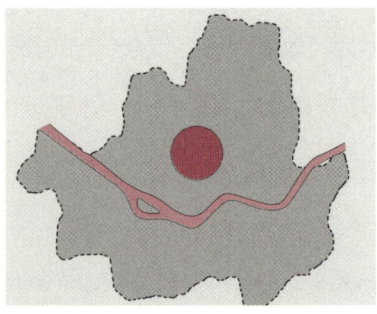

① 상주 인구가 많다.
② 근교 농업이 활발하다.
③ 중심 업무 지구를 이룬다.
④ 자연 녹지대를 보전하고 있다.
⑤ 대규모 아파트 단지가 분포한다.

정답 ③

분석영역

주어진 사실을 관련 구성요소로 분석, 요소 간의 관계를 파악하는 능력을 판별하는 영역을 말한다.

 동해안과 비교할 때, 황해안의 특징으로 옳은 것은?
① 수심이 깊다.
② 해안선이 단조롭다.
③ 모래밭과 절벽이 많다.
④ 조석 간만의 차가 크다.
⑤ 화산활동으로 형성된 섬이 많다.

정답 ④

종합영역

주어진 사실들을 하나의 체제로 구성될 수 있는 능력 체계화 능력, 새로운 아이디어를 창출할 수 있는 능력을 판별하는 영역을 말한다.

 남부지방에 보기와 같은 특색이 나타나는데 큰 영향을 준 것은?

> • 그루갈이 가능   • 개방적인 가옥구조
> • 우데기   • 귤, 차, 유자 등의 재배

① 지형
② 기후
③ 하천
④ 교통
⑤ 평야

정답 ②

 다음은 황·남해안과 동해안을 비교한 것이다. 바르지 <u>못한</u> 것은?

	구분	황·남해안	동해안
①	수심	얕다	깊다
②	조석 간만의 차	크다, 간석지 발달	작다, 간석지 발달 미약
③	섬	많다	적다
④	해안	복잡함	리아스식 해안
⑤	관광자원	섬·바다의 경치	해수욕장·일출

정답 ④

평가영역

가치유무 판단, 주어진 사실들을 비교 검토해서 가치유무 판단능력, 일관적으로 설명하는 능력을 판별하는 영역을 말한다.

 다음 중 공중도덕을 지켜야 하는 가장 큰 이유는?
① 다른 사람들에게 피해를 주지 않기 위하여
② 법으로 되어 있기 때문에
③ 다른 사람에게 자랑하기 위하여
④ 정치적으로 중요한 것이므로
⑤ 국가 발전의 기초가 되므로

정답 ①

 지난해 기출문제는 '카멜레온'

지난해 기출문제는 원칙적으로 출제할 수 없게 되어 있다. 여기서 말하는 기출문제는 지난해 기출문제만을 말하는 것이고 그 이전 것은 문제가 없다는 그 말이다. 원칙적으로 똑같이 출제할 수 없으나 변형해서 출제하는 것은 가능하다는 것이다.

오랫동안 시험을 기출한 교사들이 한결같이 고민하는 점은 '어떻게 하면 시험문제를 잘 출제할 것이냐' 라는 것이다. 자유롭게 출제하는 것이라면 마음대로 출제하면 되지만 위에서 보았듯이 문항 분석지도 작성해야 하고 지난해에 출제한 문제를 비껴가야 하기 때문에 시험출제는 더욱 부담스러울 수밖에 없다.

교사들은 사실 과거에 출제했던 문제들을 중심으로 문제를 낼 수밖에 없다. 하지만 교육청 감사에서 지적대상이 되기 때문에 지난해 문제를 똑 같이 출제하는 일은 하지 않는다. 게다가 시험문제를 잘못 내게 되어 정답이 틀리거나 교사도 몰랐던 유사답안이 나오면 그것 또한 해결하는 방법이 쉽지 않다. 그렇다고 시험문제를 출제할 때 특정 참고서나 문제지에 있는 문제를 똑 같이 출제할 수도 없다. 그 또한 비난을 감수해야 하기 때문에 시험을 출제할 때 교사들은 신경이 곤두서게 된다.

가장 큰 문제는 오랫동안 가르친 교사들이다. 이러한 교사들은 시험문제로 출제할 수 있는 중요한 것이 너무나 뻔하기 때문에 새로운 문제를 내는 것이 쉽지 않다. 교사들이 시험을 출제할 때 중요한 것은 이미 정해져 있기에 기출문제나 참고서나 문제지에 있는 문제들을 변형하여 출제하는 것이 가장 쉬운 출제방식이라 할 수 있다.

시험을 잘 보는 방법은 해당교사가 낸 몇 년 치의 시험문제를 구해서 풀어보는 것이 좋다. 물론 과목에 따라서 여러 교사들이 같이 가르치는 경우에는 시험문제를 따로 내서 합치는 경우도 있다. 이러한 경우라 하더라도 기출문제를 구해보면 출제경향을 알 수 있기 때문에 이번 시험을 출제한 선생님들의 출제경향이나 좋아하는 문제의 유형을 파악할 수 있다. 기출문제를 구하기가 어렵거나 교사들이 바뀌어서 새롭게 보는 시험이라 하더라도 문제집이나 참고서에 나와 있는 문제들을 풀어보면 시험문제의 출제경향을 파악할 수가 있어 시험 공부하는 방향을 설정하는데 도움을 얻을 수 있다.

　기출문제나 문제집, 참고서에 나와 있는 문제들 중 중복되어 나와 있는 것은 그 만큼 중요도도 높을 뿐만 아니라 누구라도 시험문제를 출제하는 사람이라면 비켜가지 못하는 문제라는 것을 증명하고 있는 것이나 마찬가지라는 것을 잊지 말자.

> **원래 문제**
>
> 다음은 글의 종류에 대한 설명이다. 이 중에서 설명이 잘못된 것은?
> ① 생활문 : 우리들이 생활하면서 보고, 듣고, 느끼고, 생각한 것을 글감으로 하여 쓴 글
> ② 논설문 : 어떤 사실이나 문제에 대해 근거를 제시하며 자기의 생각이나 의견을 주장한 글
> ③ 설명문 : 어떤 대상이나 사실에 대해 알기 쉽게 풀어 쓴 글
> ④ 전기문 : 실존한 인물에 대해, 그가 세상에 태어나서 죽을 때까지의 일을 이야기식으로 쓴 글
> ⑤ 독서 감상문 : 어린이를 위하여 재미있게 꾸며낸 이야기

정답 ⑤

책을 읽고 난 후 느낌이나 생각을 적은 글.

다음은 글의 종류에 대한 설명이다. 이 중에서 설명이 잘못 된 것은?
① 생활문 : 마음속에 일어나는 느낌을 노래하듯이 나타낸 글
② 논설문 : 어떤 사실이나 문제에 대해 근거를 제시하며 자기의 생각이나 의견을 주장한 글
③ 설명문 : 어떤 대상이나 사실에 대해 알기 쉽게 풀어 쓴 글
④ 전기문 : 실존한 인물에 대해, 그가 세상에 태어나서 죽을 때까지의 일을 이야기식으로 쓴 글
⑤ 독서 감상문 : 책을 읽고 난 후 느낌이나 생각을 적은 글

정답 ①

마음속에 일어나는 느낌을 노래하듯이 나타낸 글은 시에 대한 설명임.

 다음의 문제를 가지고 변형시켜 출제해 보세요.

다음 중 철과 황의 혼합물과 화합물의 성질을 비교한 것으로 옳은 것은?

	성질	혼합물	화합물
①	색깔	흑갈색	노란색을 띤 회색
②	자석에의 반응	반응 없다	자석에 붙는다
③	염산과의 반응	기체 발생	기체 발생
④	만드는 방법	가열한다	혼합한다
⑤	결합 비율	7 : 4	4 : 1

정답 ③

혼합물은 각 성분 물질의 성질을 그대로 가지고 있지만 화합물은 새로운 성질을 갖는다. 염산과 반응시키면 혼합물에서는 수소 기체가, 화합물(황화철)에서는 황화수소 기체가 발생한다.

변형된 문제

	성질	혼합물	화합물
①			
②			
③			
④			
⑤			

실전 문제 2 다음의 문제를 가지고 변형시켜 출제해 보세요.

다음 중 공해로 분류되지 않는 것은?

① 대기오염

② 수질오염

③ 식품오염

④ 진동

⑤ 소음

정답 ③ 대기오염, 수질오염, 진동, 소음을 공해라고 한다.

부정적인 문제는 출제비중이 아주 낮다

부정적인 시험문제라는 것은 객관식 시험문제를 출제할 때 '아닌 것은?', '반대인 것은?', '해당되지 않는 것은?', '관계없는 것은?', '거리가 먼 것은?' 등과 같은 것을 고르는 문제를 말한다. 부정적인 시험문제는 문제를 내고 다섯 개의 지문 중에서 하나만 틀린 것으로 만들면 되기 때문에 출제하기가 다른 것에 비해 쉽다. 이 때문에 교사들은 부정적인 문제를 자주 출제했다. 이러한 문제는 출제를 자제하도록 규정되어 있다. 부정적인 시험문제는 학생들의 부정적 의식을 심을 우려가 있기 때문에 교육청별로 부정적인 문제의 출제를 지양하도록 되어 있다. 그러나 부정적인 문제를 전혀 출제하지 못하게 되면 교사들은 문제를 내는 것에 제약조건이 많아짐에 따라 통상 교육청별로 30%를 넘지 않게 되어있다. 따라서

30문항을 시험 본다면 이러한 문제는 10문항을 넘을 수 없게 된다. 또한 부정적인 문제를 출제할 때는 학생들의 혼동을 방지하기 위하여 시험문제 중 '아닌'이나 '틀린'이라는 단어에 대해 밑줄을 긋거나 굵은 글자로 표시하도록 되어 있다.

부정적인 문제를 출제하기 위해서는 기본적으로 교과내용 중에서 열거한 지문이 4개 이상은 나와야 문제로 출제가 될 수 있다. 즉, 3개나 4개의 지문만 나오면 부정적인 문제를 내는 것은 매우 어렵게 된다. 시험공부를 할 때 지문이 4개 이상 열거할 수 있는 내용이 나오면 그 부분은 분명히 시험에 출제될 확률이 매우 높으므로 암기해야 할 부분이다. 사회과목에서 부정적인 문제를 낸 예는 다음과 같다.

연습문제

세종대왕의 업적이 <u>아닌</u> 것은?
① 측우기 발명 ② 세종실록 지리지 편찬 ③ 훈민정음 개발
④ 용비어천가 ⑤ 조선 건국

정답 ⑤

부정적인 문제 대신 많이 출제되는 객관식 시험문제는 '맞는 것은'이나 '가장 맞는 것은', '가장 옳은 것은'이라는 문제다. 이러한 문제를 출제하기 위해서 교사들은 문제를 단순히 암기한 문제를

묻는 문제보다는 이해나 적용분야의 문제를 출제하게 된다.

'맞는 것은'이라는 문제 같은 경우는 1개의 사실적 지식만 있으면 나머지 4개의 지문은 틀린 것으로 하면 된다. '가장 맞는 것은'은 최소한 맞는 것이 2개 이상의 정확한 지문을 가지고 있어야만 문제로 출제가 될 수 있다. '맞는 것은'을 묻는 문제보다는 '가장 맞는 것은', '가장 옳은 것은'을 고르는 문제는 자신의 가치관을 묻는 문제가 아니라 객관적인 사실을 묻는 것이기 때문에 출제자의 의도가 무엇인지를 찾아야 한다. 또한 지문별로 틀리고 맞는가를 정확히 분석해야 한다.

맞는 것을 고르는 문제

다음 중에서 자동차 냉각수로 사용할 수 있는 것은?

① 수돗물   ② 음료수   ③ 하천수   ④ 공장 폐수   ⑤ 양잿물

정답 ①

가장 맞는 것을 고르는 문제

다음 중 분자에 대한 설명으로 가장 옳은 것은?

① 분자는 더 이상 쪼개지지 않는다.

② 분자는 물질의 성질을 지니고 있는 가장 작은 알갱이다.

③ 분자는 항상 서로 같은 종류의 원자가 결합하여 이루어진다.

④ 분자는 항상 서로 다른 종류의 원자가 결합하여 이루어진다.
⑤ 분자의 존재는 기체반응의 법칙이 발표되기 직전에 아보가드로에 의해 확립되었다.

정답 ②

분석하는 방법

① 분자는 더 이상 쪼개지지 않는다.
   → 분자는 원자 2개이기 때문에 쪼갤 수 있다.
② 분자는 물질의 성질을 지니고 있는 가장 작은 알갱이다.
   → 정답
③ 분자는 항상 서로 같은 종류의 원자가 결합하여 이루어진다.
   → 다른 종류의 원자가 결합할 수도 있다.
④ 분자는 항상 서로 다른 종류의 원자가 결합하여 이루어진다.
   → 같은 종류의 원자가 결합할 수도 있다.
⑤ 분자의 존재는 기체반응의 법칙이 발표되기 직전에 아보가드로에 의해 확립되었다.
   → 아보가드로는 돌턴의 원자설에 어긋나지 않고 기체반응의 법칙을 설명하기 위해 분자의 개념을 도입하였다.

학생들 중에서 성격이 급한 학생들은 이러한 부정적인 문제를 만나게 되면 앞부분만을 읽고 맞는 것이라고 생각하기 쉽다. 따라서 지문 중에서 가장 먼저 나오는 지문이 맞기만 하면 선택하게 되어 시험이 끝나고 나서 문제를 끝까지 읽지 않은 것을 후회하는 경우가 많다. 이러한 현상은 문제를 끝까지 읽어서 문장이 끝나는 부분에서 '~이 아닌 것은'이나 '틀린 것은', '가장 맞는 것은', '가장 옳은 것은'이라는 문구가 있는지 없는지를 파악하고 문제를 풀어야 한다.

스스로 문제를 출제하면 정답이 거기 있다

출제자의 의도를 알았다면 이를 객관화하는 것이 필요하다. 객관화하는 방법으로 가장 효과적인 것은 스스로 문제를 출제하는 것이다. 스스로 문제를 출제하라고 하면 '내가 감히 어떻게 문제를 출제할 수 있느냐?'라는 대답을 하겠지만 시작이 어렵지 습관이 되면 어떤 문제도 쉽게 출제할 수 있다.

스스로 문제를 출제하는 방법

- 처음에는 습관이 되어 있지 않기 때문에 주관식 문제를 출제한다.
- 객관식 문제는 문제지나 참고서를 보고 비슷한 문제를 만든다.
- 참고서를 보지 않고도 문제를 만들 수 있으면 보지 않고 직접 만들도록 한다.
- 자신이 만든 문제를 풀어 본다.

> ⋯▶ 시험을 본 후에는 자신이 만든 문제와 시험에서 출제되었던 문제와의 차이가 무엇이 있는가를 비교 분석한다.
> ⋯▶ 시험의 유형과 영역들을 분류하여 출제자의 의도를 파악한다.
> ⋯▶ 다음 시험에는 출제경향이나 출제자의 의도를 반영하여 문제를 만든다.

 다음은 중학교 1학년 사회과목 중에 나오는 동해안과 황해안을 비교하는 표다. 이 표를 가지고 시험문제를 출제하게 하세요.

구 분	동해안	황해안
수 심	깊다	얕다
해안선	단조롭다	복잡하다
경 관	아름다운 경치 : 관광	지간석지 : 천일 제염업과 양식업

 동해안과 황해안을 비교하는 다음 표를 완성해 봅시다.

구 분	동해안	황해안
수 심	깊다	
해안선	단조롭다	
경 관	아름다운 경치 : 관광	

다음은 황해안에 대한 설명이다. 틀린 것을 고르시오.
① 얕다 ② 복잡하다 ③ 간석지 ④ 천일 제염업과 양식업 ⑤ 깊다

정답 ⑤ 깊다-동해안의 설명

다음은 중학교 1학년 국어 중 쓰기에 나오는 내용이다. 이 내용을 가지고 다양한 시험문제를 출제하게 하세요.

'버려지는 음식, 쌓여가는 쓰레기'

① 그대로 버려지는 음식물이 전체 음식의 33%이다.

② 일회용품을 쓰지 말아야 한다.

③ 전체 생활 쓰레기 중 음식물, 채소류가 전체의 29%이다.

④ 야외에서는 음식을 만들어 먹으면 안 된다.

⑤ 우리나라는 삼천리금수강산으로 환경을 보호해야 한다.

⑥ 음식 쓰레기를 돈으로 환산하면 약 10조원의 엄청난 액수이다.

⑦ 상다리가 휘어지도록 차리는 음식은 미덕이 아니다.

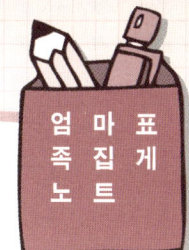

희정이와 철수의
스스로 시험문제 출제 비결

  나는 학생일 때 시험보기에 앞서 친구와 짝이 되어 예상문제를 만들어 질문하고 답하는 걸 자주 했다. 그렇게 스스로 시험문제를 내고 서로 풀다보면 그 시험문제는 기억에 아주 오래 남아 시험을 보는 데 큰 도움이 되었다. 나는 또한 친구들과 교과서에 있는 내용을 수수께끼로 만들어 서로 묻고 답하는 찐빵 내기 게임도 즐겼다. 그렇게 하다보면 그 수수께끼 문제를 맞춘 친구만 기억을 오래하는 것이 아니라 그 수수께끼 문제를 출제했던 나에게도 기억에 아주 오래 남았다는 것이다. 그렇다면 올해 중학교 3학년인 희정이와 철수를 통해 스스로 시험문제를 출제하는 비결을 들어보자.

  희정이와 철수는 "시험공부를 하고 나서 가장 먼저 하는 것이 문제를 출제해보는 것."이라고 했다. 그렇게 "시험문제를 출제하다 보면 공부한 범위 안에서 중요한 것이 무엇인가를 알게 된다."는 것이다. 희정이는 "문제를 출제한다는 것에 있어서 더욱 중요한 것은 암기한 것을 확인하는데도 좋지만 문제를 만들다 보면 문제로 만들었던 것은 확실히 기억이 되며, 비슷한 문제가 나와도 틀리지 않고 문제를 풀 수 있었다."고 자랑스레 말한다.

그러니까 희정이는 문제를 출제하는 방법으로 시험공부를 마치고, 친구와 단둘이 마주 앉아 서로 문제를 내고 그에 대한 답을 하도록 하는 것이다.

철수는 좀 다르다. 철수는 친구들과 짝이 되어 시험문제를 출제하고 답하게 하는 것이 아니라 혼자 문제를 출제하고, 스스로 답을 하는 방법을 선택했다. 철수는 "무엇을 기억할 때 가장 좋은 방법은 무조건 암기하는 것이 아니라 선생님이 수업시간에 강조하는 내용을 토대로 삼아 스스로 문제를 출제해서 푸는 것이 가장 좋다."며 "무엇을 외우기 위해 책과 씨름을 하는 것보다 스스로 문제를 만들어 스스로 풀다보면 자신도 모르게 그 문제와 답이 암기된다."고 털어놨다.

내가 알고 있는 몇몇 교사는 실제로 학생들에게 문제를 만들어 오도록 숙제를 내기도 한다. 이때 자신이 공부한 시험범위 안에서 50개 정도의 문제를 만들어 오도록 한다. 왜? 학생들이 문제를 만드는 과정에서 종합적인 사고를 해야 하기 때문에 그 문제에 대한 완전한 이해와 함께 기억에 오래 남게 되기 때문이다. 그뿐이 아니다. 학생 자신이 만든 문제가 시험에 출제되는 행운까지 잡을 수도 있다.

내가 알고 있는 강 아무개 교사는 "실제로 한반의 학생들을 둘로 나누어 한 쪽은 스스로 문제를 만들어 공부하게 하고, 다른 한 쪽은 원래의 방식대로 공부하게 하고 나서 시험을 보게 하니, 스스로 문제를 만들어 공부한 학생들이 원래의 방식대로 공부한 학생들보다 평균 10점 정도가 높게 나왔다."고 자신 있게 말했다.

학생 스스로 시험문제를 출제하는 것은 처음에는 습관이 되지 않았기 때문에 어려울 수도 있다. 하지만 바로 위 꼭지에 나와 있는 '스스로 문제를 출제하는 방법'을 참고해서 문제를 출제하면 쉬워질 뿐만 아니라 습관이 될 수 있다.

chapter 03

실수 줄이면
정답 다가온다

실수 줄이려면 5단계로 풀어라
'앗! 실수' 않으려면 정확히 읽고 표시하라
정확히 읽어야 정답이 꼬리 친다
정답 숨어 있는 지문 출제방법
자신이 적은 답을 꼼꼼히 분석하라

엄마표 시험 공략법

수험생들은 정답이 있는데도 왜 오답을 선택하게 될까? 그것은 정해진 시험시간 동안 마음은 급하고 문제를 정확히 파악하지 못해 출제자의 의도와 다르게 해석하기 때문이다. 수험생들은 대부분 지문과 답지가 수준보다 어렵거나 혹은 문제의 진술이 어려울 때 정답을 맞히지 못한다.

출제자는 문제를 출제할 때 이의 제기를 줄이기 위하여 사람마다 다르게 해석되는 문장은 가급적 사용하지 않으려고 노력을 한다. 출제자의 의도를 정확히 이해하지 못하거나 잘못 해석하게 되면 수험생들은 함정에 빠질 확률이 높다. 따라서 출제자의 의도를 파악하는 것은 실수를 줄이고 고득점을 위해서 매우 중요하다.

 실수 줄이려면 5단계로 풀어라

시험을 보고 나서 '조금만 더 읽었으면 맞았을 텐데', '실수해서 틀렸다', '성격이 급해서 틀렸다'라는 말을 자주하는 학생들은 문제를 정확히 분석하는 능력이 부족하기 때문이다. 이러한 학생들은 문제를 풀 때 단계별로 풀면 실수로 틀리는 일이 생기지 않는다.

단계별로 시험문제를 풀다가 막히면 어느 부분에서 막히는지 알게 되어 문제를 계속 풀어야 할지 다음 문제로 넘어가야 할지 그 판단이 서게 된다. 단계별로 문제를 푸는 것은 시험에서 실수로 틀리는 것을 막아주며, 문제를 풀면서 시간을 낭비하는 것 또한 막는다.

읽기

문제를 처음부터 끝까지 읽어 '아닌 것은?', '반대인 것은?', '해당되지 않는 것은?', '관계없는 것은?', '거리가 먼 것은?' 등의 부정적 지문을 찾아낸다. 그리고 '가장 알맞은 것은', '가장 적당한 것은' 등의 '가장'이라는 지문을 찾아낸다.

판단

암기한 것을 기억해내는 문제인지, 이해를 묻는 문제인지, 적용을 묻는 문제인지를 판단한다. 판단단계에서 시험이 어렵거나 문제를 푸는 데 시간이 걸릴 것 같으면 다음 문제로 넘어가고 시간이 남을 때 다시 푼다.

문제풀기

문제를 풀기 위해서는 필요한 단서가 무엇인지를 찾아야 한다. 단서는 내가 가진 배경지식뿐만이 아니라 출제자의 출제의도를 정확히 파악하는 것이다.

정답 찾기

문제를 풀고 나면 찾은 정답이 원하는 정답인지를 다시 확인한다.

검토하기

정답으로 찾은 것이 맞는 것인가 틀린 것인가를 검토한다. 문제를 검토해서 이상이 없으면 다음 문제로 넘어간다. 그러나 검토했다고 해서 완전히 끝내는 것이 아니라 모든 시험문제를 다 풀고 시간이 남으면 읽기부터 다시 하는 것이 안전하다.

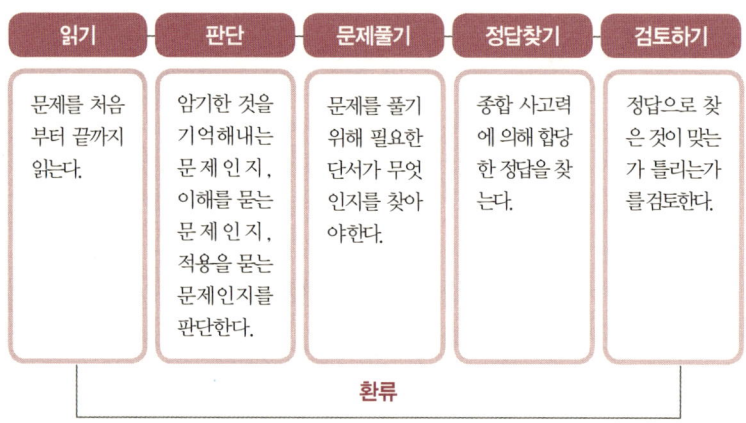

읽기	판단	문제풀기	정답찾기	검토하기
문제를 처음부터 끝까지 읽는다.	암기한 것을 기억해내는 문제인지, 이해를 묻는 문제인지, 적용을 묻는 문제인지를 판단한다.	문제를 풀기 위해 필요한 단서가 무엇인지를 찾아야한다.	종합 사고력에 의해 합당한 정답을 찾는다.	정답으로 찾은 것이 맞는가 틀리는가를 검토한다.

환류

다음은 중학교 1학년 과학과목 중에 나오는 동해안과 황해안을 비교하는 표다. 이 표를 가지고 시험문제를 출제하게 해 본다. 시험에 숙달되지 않은 학생은 처음에는 표를 만들어 하나씩 적어가다 어느 정도 숙달이 되면 표를 만들지 않고도 머릿속에서 풀 수 있게 된다.

1. 열의 이동 방향을 가장 바르게 설명한 것은?
① 질량이 큰 물체에서 작은 물체로 이동한다.
② 온도가 높은 물체에서 낮은 물체로 이동한다.
③ 온도가 낮은 물체에서 높은 물체로 이동한다.
④ 기체 상태에서 고체 상태인 물체로 이동한다.
⑤ 에너지가 많은 곳에서 에너지가 적은 곳으로 이동한다.

단계	내용
읽기	가장 바르게
판단	이해
문제풀기	• 단서 : 온도, 질량, 기체, 에너지 • 다른 것은 설명이 다 하나씩인데 온도만 두 개나 나오고 서로 반대이므로 답일 확률이 높음
정답 찾기	②
검토하기	① 질량이 작은 물체에서 큰 물체로 이동한다. ④ 고체 상태에서 기체 상태로 이동한다. ⑤ 에너지가 적은 곳에서 많은 곳으로 이동한다.

남북통일에 따른 효과를 바르게 예측한 것은?

① 관광수입의 감소
② 국토면적의 축소
③ 국방비 부담의 증가
④ 경제발전에 따른 투자 증가
⑤ 남북 간 문화의 이질성 확대

단계	내용
읽기	
판단	
문제풀기	
정답 찾기	
검토하기	

정답

단계	내용
읽기	바르게
판단	이해
문제풀기	남북통일
정답 찾기	④
검토하기	① 관광수입의 감소 → 증가 ② 국토면적의 축소 → 확대 ③ 국방비 부담의 증가 → 감소 ⑤ 남북 간 문화의 이질성 확대 → 축소

'앗! 실수' 않으려면 정확히 읽고 표시하라

실수로 시험문제를 틀리는 학생들에게 물어보면 시험문제를 제대로 읽지 않고 넘어간 경우가 많다. 이러한 현상은 공부를 전혀 하지 않은 학생에게서도 발생하지만, 의외로 공부를 많이 한 학생에게서도 많이 나타난다.

공부를 전혀 하지 않은 학생은 문제를 보면 자신이 풀 수 있는 문제로 보려는 욕구가 강하게 생긴다. 그러다 보니 자신이 아는 것들만 보여 문제를 정확하게 인식하지 못한다. 공부를 많이 한 학생은 워낙 문제지를 많이 풀다 보니 문제의 앞만 읽고 기계적으로 문제에 답을 하기 쉽다. 이러한 문제를 줄이기 위해서는 문제를 처음부터 끝까지 읽어서 문제를 푸는 배경지식을 만들어야 한다. 배경지식을 만드는 방법은 문제를 분석하는 방법이다. 문제를 분석하기 위해서는 다음과 같이 하면 좋다.

부정적인 지문에 대해서는 밑줄을 긋는다

시험문제 중에 '아닌 것은?', '반대인 것은?', '해당되지 않는 것은?', '관계없는 것은?', '거리가 먼 것은?', 등의 부정적 문제가 10% 정도 출제된다. 통상적으로 부정적 지문에는 밑줄이 그어져 있거나 굵은 글씨로 표시하도록 되어 있다. 그러나 실수로 밑줄이 그어지지 않을 수도 있으므로 부정적인 지문을 찾아서 밑줄로 표시해두면 실수로 틀리지 않을 수 있다.

다음 학교의 장점을 설명한 것이 아닌 것은?

긍정적인 지문에 대해서는 동그라미를 친다

시험문제 중에 '가장 알맞은 것은', 가장 적당한 것은' 등의 긍정적 문제가 자주 출제된다. 긍정적 지문에는 부정적인 지문과 차별화를 위해서 동그라미를 치면 부정적인 지문과 차별화되고 문제의 성격이나 유형을 분석하는데 도움이 된다.

 다음 중 조선시대의 특징 중에서 가장 적당한 것은?

핵심단어에 대해서는 사각형을 그린다

시험문제를 읽다보면 문제를 푸는 데 핵심적인 역할을 하는 단어가 있다. 이러한 단어에는 사각형을 그려 넣으면 문제를 푸는데 중심의 핵심이 무엇인지를 정확히 알게 되어 집중력을 높일 수 있다. 여기에 문제를 다시 풀 때도 핵심내용이 무엇인지를 빠르게 파악할 수 있기 때문에 시간을 절약할 수 있다.

 다음 중 임진왜란에서 활동한 의병장 중에서 금산에서 주로 활동한 사람은?

지문을 읽고 정오를 기호로 표시한다

시험문제를 읽고 지문을 읽다가 확실히 틀리다는 생각이 들면 번호 앞에 '×' 표시를 해두고, 확실하지 않으면 '?'표시를, 확실히 맞는다는 생각이 들면 'O' 표시를 해둔다. 표시와 함께 맞는 이유나 틀린 이유를 '→'와 함께 적어주면 문제를 정확히 풀 수 있게 된다. 이러한 표시는 문제를 다시 풀 때도 표시만 보고 빠르게 파악할 수 있기 때문에 시간을 절약할 수 있다.

[연습문제] 밑줄 친 단어의 문장성분이 주성분에 해당되지 않는 것은?
① 철수의 동생은 키가 아주 크다.
② 그 사람이 말도 없이 사라졌다.
③ 토마토는 과일이 아니라 야채다.
④ 영희가 반찬은 안 먹고 밥만 먹고 있다.
⑤ 행동하는 것을 보면, 철수는 너와는 달라

[적용] 밑줄 친 단어의 문장성분이 주성분에 해당되지 않는 것은?
O ① 철수의 동생은 키가 아주 크다. → 주어(주성분)
O ② 그 사람이 말도 없이 사라졌다. → 서술어(주성분)
O ③ 토마토는 과일이 아니라 야채다. → 보어(주성분)
? ④ 영희가 반찬은 안 먹고 밥만 먹고 있다. → 목적어(주성분)
× ⑤ 행동하는 것을 보면, 철수는 너와는 달라 → 부사어(부속성분)

[정답] ④

다음 중 향토의 문화재를 잘 보전하여야 하는 가장 큰 이유는?
① 관광자원으로 개발하기 위하여
② 많은 수입을 올릴 수 있으므로
③ 다른 고장에 자랑하기 위하여
④ 역사적으로 중요한 것이므로
⑤ 산업발전의 기초가 되므로

정답 ④

 지역사회에 나타나는 문제를 해결하기 위한 방법으로 가장 바람직한 것은?
① 모든 문제를 공공기관에서 해결한다.
② 이해관계가 있는 사람끼리만 모여 해결한다.
③ 지역주민의 문제는 행정기관에서 간섭하지 않아야 한다.
④ 지역주민들과 여러 기관이 협력하여 문제를 해결한다.
⑤ 자연재해는 예방할 수 없기 때문에 문제가 발생한 후 대책을 마련한다.

정답 ④

 정확히 읽어야 정답이 꼬리 친다

교사들이 문제를 출제하다 보면 모든 것을 완벽하게 출제하기는 어렵다. 학교에서 시험문제를 출제하기 위해서는 통상적으로 시험 시작 보름 전부터 문제를 출제하게 된다. 문제를 출제할 때 교사들은 교무실에 '시험기간 중 학생 출입금지'라는 표어를 써 붙여놓고 시험문제 출제에 신경이 곤두 서 있다. 하지만 아무리 신중을 기해서 시험을 출제해도 시험을 보고 나면 시험문제를 잘못 출제하여 다 맞게 하거나 다른 답도 인정하는 경우가 종종 생긴다. 이러한 출제의 문제는 학교시험에서만 그런 것이 아니다. 국가에서 관리하는 수능시험문제에서도 그렇다. 따라서 시험문제를 정확히 읽게 되면 그 안에 답이 보이는 경우가 있다.

 물의 상태 변화에 대한 설명이다. 바르게 된 것은?
① 0°C 얼음이 열을 방출하면 0°C 물이 된다.
② 0°C 물은 0°C 얼음과 분자 운동속도가 같다.
③ 물이 열을 방출하면 분자 운동속도가 빨라진다.
④ 100°C 수증기가 열에너지를 흡수하면 물이 된다.
⑤ 100°C 수증기는 100°C 물보다 분자 운동속도가 빠르다.

정답 지문이 길면 정답일 가능성이 있으므로 ⑤
문제를 출제하다 보면 같은 단원에서 문제를 출제하게 되므로 서로 내용이 중첩되어 출제하는 경우가 있다. 따라서 어떤 문항에 대한 정답의 단서가 다른 문항에 의해 제공될 수 있기 때문에 잘 모르는 문제가 나올때는 같은 단원에서 나온 문제를 찾아 단서를 여는 것도 효과적인 방법이다.

 다음 우리나라 각 시대에 지급되었던 토지의 종류 중 그 지급대상이 나머지 넷과 다른 것은?
① 정전   ② 녹읍   ③ 과전   ④ 직전   ⑤ 공음전

정답 ①

② 녹읍 ③ 과전 ④ 직전 ⑤ 음전은 관리들에게 자급한 것이나

① 정전:통일신라시대 토지제도의 지목

② 녹읍:신라시대 때 관료에게 직무의 대가로 지급한 논밭

③ 과전:고려·조선 왕조에서 국가가 국정 운영에 참여한 대가로 문무양반 등 직역자(職役者)에게 그 직책의 품(品)을 기준으로 한 과(科)에 따라 일정한 특권을 갖도록 지정한 토지

④ 직전:고려시대 문무 관료 및 각종 직역을 진 자들에게 지급한 토지

⑤ 공음전:고려시대 관리에게 토지를 지급하는 전시과 토지제도 가운데 있는 토지 항목 중의 하나

다음 중 조선시대의 토지제도가 아닌 것은?

① 공신　　② 별사전　　③ 과전　　④ 군전　　⑤ 공음전

정답 ⑤

공음전은 고려시대의 토지제도-연습문제 1과 2가 동시에 출제되면 지문이 일부 같은 게 있어서 힌트를 얻어 풀기가 용이함

⋯▸ 꼭 그렇지 않지만 정답을 찾기가 어려울 때는 정답의 위치가 가운데로 몰리는 경향이 있으므로 가운데 지문 중에서 정답을 찾는 것도 효과적인 방법이다.

정답과 오답
찾아주는 낱말들

　시험을 잘 보는 방법은 공부를 확실히 해서 답을 찾는 것이다. 하지만 어쩌다 공부를 하지 않은 상태에서 시험을 보게 되었을 때 답을 찾을 수 없거나 문항 중에서 헷갈릴 때는 어떻게 하는 것이 좋을까. 나는 학생일 때 상투적인 표현이나 언어적인 연상, 절대적인 어구 등에서 단서를 자주 찾곤 했다.

　예를 들면 '결코', '절대로', '반드시', '항상', '확실히', '모든', '언제나' 등은 대부분 오답일 가능성이 많다. 그러나 '보통', '흔히', '일반적으로', '대개', '대체로', '때로는', '드물게' 등은 대부분 정답일 가능성이 많다. 그렇다면 연습문제를 통해 실제 단서를 찾아보자.

연습문제

액체상태의 물질에 열에너지를 가했을 때 나타나는 변화내용이다. 잘못된 것을 고르시오.
① 분자 사이에 작용하는 힘이 점점 약해져서 끊어지기도 한다.
② 분자 알갱이의 운동 속도가 빨라진다.
③ 분자 알갱이 사이의 거리가 반드시 좁혀진다.
④ 액체 부피가 점점 커진다.
⑤ 액체의 질량은 변하지 않는다.

　이 문제에 대한 정답은 '반드시'가 들어 있는 문제는 오답일 가능성이 있으므로 ③번이다. 액체상태의 물질에 열에너지를 가하면 분자 알갱이 사이의 거리가 넓어지기 때문이다.

자기 반에서 한번도 1등을 놓치지 않고 있다는 중학교 2학년 현숙이는 "문장의 문법구조가 잘못되거나 문장이 어색한 경우는 맞는 것을 틀린 것으로 억지로 바꿀 때 나타나는 현상"이라며 "이러한 지문은 문장 그 자체가 어색하고 틀린 경우가 많아 오답일 가능성이 가장 높다."고 자신 있게 말한다.

현숙이는 "대부분의 경우 정답 지문은 오답 지문보다 더 길고 자세하게 표현된다."며 "따라서 지문이 길면 정답 지문이 되기 쉽다. 그러므로 문제와 지문을 주의 깊게 읽어보면 미처 공부를 하지 않았던 문제가 나와도 정답을 맞힐 수가 있다. 이건 그 누구에게도 알려주면 안 되는 나만의 비밀."이라고 활짝 웃었다.

정답 숨어 있는 지문 출제방법

객관식 긍정형 문제를 만들 때는 5개의 지문 중에서 1개만 맞는 것을 고르고 나머지 4개는 정답이 아니다. 따라서 틀린 지문을 4개나 만들어야 한다. 틀린 지문은 무작정 만드는 것이 아니다. 일정한 규칙을 가지고 만들기 때문에 지문을 정확히 읽으면 옳은 지문을 쉽게 고를 수 있다. 틀린 지문은 다음과 같은 규칙을 가지고 만든다.

> 우리나라가 아름다운 이유로 가장 적당한 것은?
> 1. 우리나라는 강산이 청명해서 아름답다.

정답과 반대이거나 틀리게 한다

지문을 잘 읽으면 다른 지문에 비해 반대로 표현되어 있거나, 부정적으로 되어 있는 지문은 틀린 지문으로 의심해볼 필요가 있다.

예 | 우리나라는 강산이 청명해서 아름답지 않다.

내용의 일부를 바꾼다

내용의 일부가 바뀌었기 때문에 지문 전체가 자연스럽지 못하거나, 전체 지문에 비해서 특별한 지문은 틀린 지문으로 의심할 필요가 있다.

예 | 영국은 강산이 청명해서 아름답다.

문장연결이 어색하다

문장을 틀리게 바꾸었기 때문에 문장연결이 어색하거나 원인과 결과가 어색한 지문은 틀린 지문으로 의심해볼 필요가 있다.

예 | 우리나라는 사람이 착해서 아름답다.

과장한다

원래 맞는 지문에 과정을 한 것으로 '항상', '~만', '~뿐', '모두', '최고'와 같은 단어들이 포함된 지문은 틀린 지문으로 의심할 필요가 있다.

예 | 우리나라는 강산이 세계 최고로 아름답다.

문항과 전혀 관련 없는 지문을 사용한다

틀리지는 않지만 문항과 전혀 상관없는 지문은 틀린 지문으로 의심할 필요가 있다.

예 | 중국은 바다가 아름답다.

 조선이 한양을 도읍지로 정한 이유는 어느 것인가?

① 고려의 도읍지였기 때문에 → 틀리게 수정한 경우
② 경치가 너무 아름다워서 → 과장한 경우
③ 한반도의 최남단에 있기 때문에 → 과장한 경우
④ 북방 민족의 침략을 막기 위해서 → 관련 없는 지문을 사용한 경우
⑤ 육로와 수로 교통이 편리하기 때문에 → 정답

지방자치제도의 가장 핵심적인 특징은 무엇인가?

① 지역주민이 지켜야 할 법을 만든다.
② 주민의 복리를 증진시키는 일을 한다.
③ 지역주민의 행정적인 일을 처리한다.
④ 지역경제를 발전시키는 활동을 한다.
⑤ 자기 지역의 일을 주민이 스스로 처리한다.

정답 ⑤

다음 제시된 내용의 공통점으로 가장 적절한 것은?

- 우리나라의 촌락은 대부분 마을 뒤에는 산이 있고 마을 앞으로는 하천이 흐르는 곳에 위치해 있다.
- 우리나라는 각 지역마다 독특한 가옥구조가 나타난다.

① 자연과 조화를 이루며 생활하려는 조상들의 슬기로움을 느낄 수 있다.
② 다양한 생활모습이 국토공간에 반영되어 있음을 알 수 있다.
③ 우리가 살고 있는 곳은 후손들이 계속 살아갈 공간임을 알 수 있다.
④ 촌락의 위치와 가옥구조 모두 우리나라의 자연환경 특색과는 무관함을 알 수 있다.

⑤ 우리가 살고 있는 곳은 오랫동안 민족의 생활무대가 되어온 곳임을 알 수 있다.

정답 ①

자신이 적은 답을 꼼꼼히 분석하라

 시험을 잘못 보는 학생일수록 시험을 보고 나서 실수를 많이 했다고 한다. 이는 시험을 보고 나서 자신이 표시한 답을 정확히 분석하지 못한 경우가 대부분이다. 문제를 풀고 자신이 적은 답을 정확히 분석하게 되면 실수를 줄이는데 도움이 된다. 따라서 자신이 적은 답이 확실한 답인지를 꼼꼼히 분석해야 한다.
 객관식이라면 자신이 답한 답이 왜 1번, 또는 2번인지 그 이유를 정확히 분석하고 나서 지문의 옆에다 쓰는 것이 좋다. 반대로 답이 아닌 것은 답이 왜 아닌지를 분석하여 적으면 자신이 답한 답이 정답인지 아닌지를 정확하게 결정하는데 도움이 된다. 주관식이라면 왜 답이 그런 것인지 분석해야 한다. 또한 다른 답이 안 되는 이유는 무엇일까를 생각하는 것도 도움이 된다.
 다음은 중학교 2학년 국사과목에 출제된 문제이다. 아래의 예문을 보고 아래의 연습문제를 풀어보도록 하자.

거란의 침입 이후 고려가 실시한 국방강화정책은 ?

× ① 거란에 동북9성을 반환하였다. → 윤관이 별무반을 조직, 천리장성 동북방의 여진족 정벌 후 쌓은 9성이므로 여진족과 관계가 있지만 거란과는 관련이 없음.

× ② 송나라에 군사동맹을 요청하였다. → 송나라와는 외교만 하였기에 잘못되었음.

× ③ 삼별초를 조직하여 운영하였다. → 삼별초는 몽고와 관련이 있으므로 거란과는 관련이 없음.

○ ④ 개경 주위에 나성을 축조하였다. → 강감찬 장군이 거란을 물리치고 국방력을 강화하기 위하여 개경 주위와 관련하여 나성을 축조하였기에 정답임.

× ⑤ 별무반을 조직하여 전방에 배치했다. → 고려 숙종 때 여진(女眞)을 정벌하기 위해 편성되었다가 여진과의 강화가 성립되면서 해체된 군사조직이므로 거란과는 관련이 없음.

 고려의 영토가 압록강 유역까지 확대된 계기는?
① 공민왕의 영토확장
② 서희의 강동6주 회복
③ 태조 왕건의 북진정책 추진
④ 윤관의 동북9성 설치
⑤ 강감찬의 귀주대첩

정답 ②

연습문제 2

고려 후기 공민왕이 실시한 개혁정책이 아닌 것은?
① 정동행성 폐지
② 정방 폐지
③ 친원파 숙청
④ 과전법 실시
⑤ 쌍성총관부 탈환

정답 ④

연습문제 3

다음 문제를 가지고 기본적으로 알고 있는 상식으로 먼저 맞는 지문을 고른 다음 남아있는 지문 중에 찍어서 문제를 풀어 보세요.

다음 중 열에 대한 설명으로 옳지 않은 것은?
① 전기나 빛과 같이 에너지의 한 종류이다.
② 물체의 온도를 높이고, 상태변화를 일으킬 수 있다.
③ 열은 찬 물체에서 뜨거운 물체로 이동한다.
④ 열을 가하면 물질을 이루는 분자의 운동이 활발해진다.
⑤ 상태 변화하는 동안 열을 계속 흡수하거나 방출한다.

푸는 방법 상식적으로 전기나 빛은 에너지가 맞으며, 열을 가하면 운동이 활발해지고, 물체의 온도를 높이면 상태변화가 일어난다. 따라서 ③번과 ⑤번 중에서 하나를 찍으면 된다.

정답 ③

 다음 북부지방의 대표적인 가옥구조를 보고 알 수 있는 특징으로 잘못된 것은?
① 가옥구조가 폐쇄적이다.
② 창문을 좁게 만든다.
③ 마루가 남부지방보다 좁다.
④ 벽을 두껍게 만든다.
⑤ 통풍이 잘되도록 하였다.

정답 ⑤

미숙이와 경수의 '찍기' 비법

  객관식 문제는 문제의 채점을 객관적으로 할 수 있다는 점에서 생겨난 것이지만, 문제를 푸는 학생의 입장에서도 매우 유리하다. 주관식은 모르면 전혀 쓸 수 없지만 5지 선다형의 객관식 문제는 아무 번호나 한 개를 찍어도 맞을 확률이 1/5이나 되는 것이다.

  만약, 객관식 문제를 5지 선다형으로 10문제를 출제했다면 전혀 문제를 풀지 못하는 사람도 적당한 번호를 잘 고르면, 우연에 의해 다 맞출 수도 있고, 최소 2문제는 맞출 수 있는 확률이 있다. 물론 운이 없다면 그 2문제도 맞추지 못하고 다 틀릴 수도 있겠지만.

  객관식 문제는 사실 그 나름대로의 요령만 알고 있으면 훨씬 높은 점수를 받을 수 있다. 물론 바르게 공부하는 학생이라면 이러한 요행을 결코 바라서는 안 되며, 오직 정도로만 공부를 해야 한다. 하지만 이러한 학생도 답을 모르는 객관식 문제를 만날지도 모르기 때문에 찍는 방법을 알아둘 필요가 있다.

  나도 학생일 때 문제를 풀다 정확히 잘 모르면 답을 찍었던 기억이 있다. 나는 이때 찍기를 효과적으로 하기 위해 시험과목에 대해 최소한의 공부를 했다. 왜? 만약 전혀 공부를 하지 않고 찍게 되면 틀릴 확률이 많지만 어느 정도 기본지식만 가지고 있어도 맞을 확률이 훨씬 더 높아지기 때문이다.

  예를 들어 5지 선다형 문제가 나왔다 치자. 그 중 2개 정도만 정확하게 알고 있어도 맞을 확률은 1/5에서 1/3로 줄어들지 않겠는가.

  우리나라 최고 학군이라고 부르는 강남에 있는 중학교에 다니는 미숙이는 "찍기를 할 때는 먼저 문제를 정확히 읽고 지문 중에서 답이 아닌 것을 골라서 먼저 지운다."고 말한다. 미숙이는 "답이 될 만한 것들 중에서 선택해야 맞을 확률이 높아지며, 답이 아닌 지문을 많이 지울수록 확률은 더 높아진다."며 "찍기에도 요령을 알아야 맞힐 확률이 높다."고 자신한다.

미숙이와 같은 중학교에 다니는 경수도 공부를 전혀 안하고 찍게 되면 지문 5개가 전부 찍기의 대상이 되기에 20%의 확률뿐이라고 설명한다. 공부를 어느 정도 하면 지문 중 2개나 3개 정도에서 찍기 때문에 확률이 50%까지 높아지게 된다는 것이다.

미숙이와 경수는 공부를 잘하는 학생이다. 미숙이와 경수를 가르치는 교사는 "이 두 학생은 공부를 잘하기 때문에 문제를 찍어서 풀어도 맞을 확률이 높고, 공부를 못하는 학생들은 지문 5개 모두에서 찍기를 하기 때문에 찍은 문제가 대부분 틀릴 수밖에 없다."고 귀띔했다.

과목별로 시험공부를 달리하라

나는 이렇게 '국어'를 잡았다
'국어' 비추는 5개의 반딧불
인생의 필수 요소 '영어' 쥐어틀기
'영어' 대문 여는 5개 key
내가 던진 그물로 건지는 '수학'
5개 '?'표로 사로잡은 '수학'
재미없는 '과학' 재미있게 붙들기
'암기'와 '이해' 속에 스스로 익히는 '사회'

 ## 나는 이렇게 '국어'를 잡았다

학생들이 제일 어려워하는 과목이 국어·영어·수학인데 그 중에서도 영어나 수학은 예습 복습만 해도 쉽게 좋은 성적을 얻을 수 있지만 국어는 짧은 시간에 높은 점수를 얻기가 쉽지 않다. 암기능력이 아무리 높아도 만점을 맞기 어려운 이유는 출제자의 주관이 들어가는 과목이기 때문에 출제경향이 유난히 중요한 과목이다. 따라서 국어는 공부를 잘하는 학생들도 까다로운 과목으로 생각하고 있다. 국어 시험을 잘 보기 위해서는 국어에 대한 출제경향을 바탕으로 국어의 기본적인 능력을 갖추고 있어야 한다.

중학교에서는 매 학기마다 국어와 생활국어를 배운다. 국어책에는 기본적으로 다양한 시, 소설, 설명문, 수필 등의 글들이 실려 있다. 여기에 읽기, 쓰기, 듣기, 말하기에 관련된 글들도 실려 있다. 따라서 한 장르만 잘해서는 안 되고 다양한 장르의 글을 읽고 그에 대한 분석력을 기르는 것이 중요하다.

중학교에서 배우는 국어는 초등학교에 비해서 난이도가 높다. 그러나 중학교에서 다루는 국어는 초등학교에서 배운 내용이 기본이 되어서 발전하는 것이지 중학교에서 완전 새롭게 나오게 나오는 것은 아니다. 따라서 초등학교에서 배웠던 국어의 기본지식을 확실히 익혀두면 중학교 국어시험에서 좋은 성적을 얻을 수 있다. 만약 중학교에 와서 국어 성적이 잘 오르지 않는다면 초등학교에서 배웠던 내용들을 다시 한번 검토해가면서 국어의 기본을 익혀야 한다.

뿐만 아니라 중학교에서의 국어 실력이 탄탄해야 나중에 고등학교에서도 탄탄한 국어 실력을 지닐 수 있다. 국어는 초등학교, 중학교, 고등학교에서 배우는 것이 따로 떨어져 있는 것이 아니라 초등학교 때부터 익힌 실력에 난이도가 높아진다고 보면 된다.

또 한 가지 주의할 일은 중학교로 오게 되면 초등학교에 비해 지문의 단어가 어려운 것이 나오거나 한자어가 자주 나타나기 때문에 단어의 개념을 정확히 하는 것이 중요하다. 그리고 지문의 길이도 초등학교에 비해서 늘어나기 때문에 문제를 주의 집중해서 읽어야 한다.

'국어' 비추는 5개의 반딧불

중학교에 진학하게 되면 국어는 '국어'와 '생활국어'로 나뉘게 된다. 국어란 우리말에 대한 지식을 전반적으로 습득하고 공부하는 과목이다. 생활국어란 우리가 살아가는 실생활의 경험을 통해 지식을 습득하도록 만들어진 과목을 말한다.

국어가 문학위주로 모든 것을 배운다면, 생활국어는 우리가 살아가면서 부딪히고 경험하는 실생활에 대한 것을 문법위주로 배운다. 국어는 말하기, 듣기, 쓰기, 읽기 등의 영역을 평가하는 과목이고, 생활국어는 말하기, 듣기, 쓰기의 세 영역을 차지한다. 중간고사나 기말고사 때 매 시험마다 생활국어 문법 단원 하나씩은 꼭 포함되고 출제비중도 15-20% 정도가 된다. 따라서 생활국어까지 꼼꼼히 공부한다면 상위권 성적을 유지할 수 있다. 국어 문제와 생활국어 문제를 비교해 보면 다음과 같다.

국어 연습문제

> **(가)** 고려 시중(侍中) 강감찬이 한양 판관이 되었을 때, 한양부에는 호랑이가 많아 사람을 해치는 일이 많았다. 이것을 안 강감찬이 중의 모습을 한 늙은 호랑이를 불러다가 꾸짖고, 5일 안으로 이곳을 떠나지 않으면 모두 잡아 죽이겠다고 하니, 늙은 호랑이는 무리를 이끌고 강을 건너갔다.
>
> **(나)** 또 '해와 달이 된 오누이' 이야기에서는 사나운 호랑이가 어머니를 잡아먹고, 동아줄을 타고 하늘로 올라간 오누이를 잡아먹으려다가 동아줄이 끊어져 죽는다.

 윗글을 읽는 태도로 올바른 것은?

① 철수 : 새로운 글이야
② 연태 : 재미있는 내용이야
③ 연주 : 행복한 내용이야
④ 정희 : 지은이가 누구인지 알겠어
⑤ 효진 : 정보를 전달하는 내용이야

정답 ③

(가),(나)의 내용을 한자성어로 나타낼 때 알맞은 것은?
① 권선징악(勸善懲惡) ② 풍전등화(風前燈火) ③ 개과천선(改過遷善)
④ 새옹지마(塞翁之馬) ⑤ 유비무환(有備無患)

정답 ①

권선징악 : 착한 일을 권장하고 악한 일을 징계함
풍전등화 : '바람 앞의 등불'이라는 뜻으로 사물이 매우 위태로운
　　　　　처지에 놓여 있음을 비유하는 말.
개과천선 : 지난날의 허물을 고치고 착하게 됨
새옹지마 : 인생의 길흉화복은 변화가 많아 예측하기 어렵다는 말
유비무환 : 미리 준비해 두면 근심 될 것이 없음

 다음 중 육하원칙으로 내용을 들어야 할 경우는?
① 방송 뉴스 보도
② 축하의 말을 할 경우
③ 중간고사 일정을 발표한 선생님 말씀
④ 속담을 인용하여 타이르는 부모님 말씀
⑤ 등교하면서 복도에서 만난 급우의 인사

정답 ①

국어시험 출제방향에 따른 고득점을 위한 노하우는 다음과 같다.

1. 어휘력을 높여라

국어시험을 다른 과목에 비해 어렵다고 생각하는 이유는 국어가 암기만으로 성적을 올리기가 어렵기 때문이다. 국어시험을 대비하기 위해서는 글이나 문제의 요지를 얼마나 잘 파악하느냐가 관건이다. 이때 가장 중요한 것이 바로 어휘력이다. 어휘력이 중요하다고 해서 국어를 영어 단어 외우듯이 암기하는 학생은 없을 것이다. 그러나 국어는 단어의 의미를 모르면 시험을 잘 보기 어렵다. 국어에서 실제로 어휘가 중요한 이유를 깨달으려면 다음의 단어에 대해서 설명해 보게 하면 된다. 단어에 대한 정확한 뜻을 안다면 문맥은 물론 문장의 뜻을 정확히 알게 된다. 그러나 단어의 뜻을 정확히 모른다면 문맥은 물론 문장의 뜻도 모르게 되어 문제를 제대로 풀 수가 없다.

중학교 1학년에 출제되는 문제

 다음 글에서 나오는 '깊드리'의 의미는 무엇인가?

> 어느 논에 두엄 내느냐고 물었더니 학교 뒤 깊드리에 낸다는 대답이었다.

① 바닥이 깊은 논   ② 밭   ③ 마당   ④ 골짜기   ⑤ 창고

정답 ①

연습문제 2 다음 글에서 ( )에 들어갈 단어는?

> (   )를 맞았더니 금방 옷이 젖었다

① 함박눈   ② 진눈깨비   ③ 싸라기눈   ④ 눈보라   ⑤ 가랑눈

정답 ②

함박눈 : 굵고 탐스럽게 내리는 눈

진눈깨비 : 비가 섞여 내리는 눈

싸라기눈 : 빗방울이 갑자기 찬 바람을 만나 얼어 떨어지는 쌀알 같은 눈

눈보라 : 바람에 불리어 휘몰아쳐 날리는 눈

가랑눈 : 가루처럼 내리는 눈

 연습문제 3 남의 수고에 보답하는 마음으로 적은 물건을 주는 일을 무엇이라 하는가?

① 따지기   ② 손씻이   ③ 촌지   ④ 선물   ⑤ 칭찬

정답 ②

따지기 : 얼었던 흙이 풀리려고 하는 초봄 무렵

촌지 : 마음이 담긴 작은 선물

선물 : 남에게 어떤 물건 따위를 선사함

칭찬 : 좋은 점이나 착하고 훌륭한 일을 높이 평가함

　어휘력을 넓히는 방법은 국어 공부를 하면서 나타나는 새로운 단어에 대해서는 머릿속으로 상상하는 것도 중요하지만 사전을 찾아서 꼭 풀이를 하고 넘어가는 습관을 가져야 한다. 또한 폭 넓은 독서를 통해서 새롭게 나오는 단어들을 많이 접하고 단어들의 뜻을 찾아 정확히 알고 넘어가면 어휘력을 높이는데 매우 도움이 된다.

2. 교과서에 충실하라

국어는 기본적이고 핵심적인 개념을 숙지하는 문제와 주제를 파악하는 문제의 출제가 많다. 국어공부는 문제 풀이식 공부보다 교과서에 새로 나오는 개념과 원리 위주로 공부하는 것이 효과적이다. 국어 교과서를 공부할 때에는 각 단원에서 주제가 무엇인가를 찾아내는 훈련과 핵심적인 사항에 대해서 암기하는 것이 중요하다.

다음 글을 읽고 주제를 적으세요.

두바이는 원래 사막의 작은 촌락에 불과했지만 석유라는 기회로 산유국으로 바뀔 수 있었다. 두바이는 산유국으로만 만족하지 않고, 꿈에서만 볼 수 있는 세상을 만들기 위하여 다양한 꿈을 꾸었다. 남들이 꾸지 않았던 꿈을 꾸고 그 꿈을 실현하기 위해 두바이는 항상 준비하였다.

정답 두바이는 꿈에서만 볼 수 있는 세상을 만들기 위해 준비하였다.

 ○○호텔에는 방을 청소하는 역할을 담당한 김영희라는 사람이 있었다. 대부분 사람들은 그녀가 궂은 일이나 하는 청소부라고 무시했지만 그녀는 자신의 일이 깨끗한 환경을 마련하여 손님들에게 기쁨을 주는 서비스를 제공하는 일이라고 생각하고 즐거워하였다.

정답 김영희는 자신의 일을 즐거워했다.

 미국에서 태어난 헬렌 켈러는 세상에 태어난 지 9개월 만에 큰 병을 앓아 시력을 잃었고, 귀로 들을 수 없으며, 입으로 말도 할 수 없는 장애인이 되었다. 그는 모든 장애를 다가지고 있으면서도 하버드 대학을 졸업하였으며 유명한 저서까지 남겼다. 헬렌 켈러는 자신의 불행에 좌절하지 않고 불가능을 극복하여 장애인들에게 성공의 상징으로 큰 힘과 용기를 주었다.

정답 헬렌 켈러는 자신의 역경을 딛고 성공하였다.

배가 고픈 사람도 배가 고프다는 표현을 해야 밥을 준다. 아픈 사람도 병원에 가야 주사를 맞을 수 있다. 좋은 직장에 취직하기 위해서는 그 직장에 맞는 조건을 갖추고 있어야 한다. 아무것도 하지 않으면서 저절로 주어지기만을 바란다면 그것은 정말 안 된다.

정답 노력하지 않으면 얻을 수 있는 것이 없다.

칭기즈칸은 세계를 움직인 가장 역사적인 인물로 꼽히고 있다. 그는 혹독한 역경을 딛고 일어서서 개방적이면서도 용기가 넘치는 지도력을 가지고 그는 세계를 지배하였으며 그가 세운 세계 정벌 기록은 누구도 깨기 어렵게 하였다. 칭기즈칸의 지도력에 대하여 관심을 가지는 사람들이 늘어가고 있다.

정답 칭기즈칸은 누구도 하기 어려운 세계를 정벌하였다.

3. 서술형은 핵심적인 문제를 선택해서 공부하라

서술형 문제에 대한 대비는 무조건 많은 문제를 푸는 게 중요한 것이 아니라 나올만한 문제를 풀어 보는 것이 좋다. 교사들은 서술형 문제를 출제할 때 너무 주관적인 것을 묻는 문제를 출제하게 되면 채점기준에 대한 논란의 여지가 많기 때문에 이를 줄이기 위해 비교적 명료하면서도 핵심적인 문제 위주로 출제한다. 따라서 서술형 문제를 풀어 보려면 명료하고 핵심적인 문제를 선택해서 공부하는 것이 좋다.

연습문제

다음 소설을 읽고, 물음에 답하시오.

(가) 그것은 여(余)가 만주를 여행할 때 일이었다. 만주의 풍속도 좀 살필 겸 아직껏 문명의 세례를 받지 못한 그들 사이에 퍼져 있는 병(病)을 좀 조사할 겸해서 일 년의 기한을 예산하여 가지고 만주를 시시콜콜히 다 돌아본 적이 있다. 그 때에 ○○촌이라 하는 조그만 촌에서 본 일을 여기에 적고자 한다.

(나) 소녀의 입술이 파랗게 질렸다. 어깨를 자꾸 떨었다.
무명 겹저고리를 벗어 소녀의 어깨를 싸 주었다. 소녀는 비에 젖은 눈을 들어 한 번 쳐다보았을 뿐, 소년이 하는 대로 잠자코 있었다. 그리고는 안고 온 꽃묶음 속에서 가지가 꺾이고 일그러진 송이를 골라 발밑에 버린다.
소녀가 들어선 곳도 비가 새기 시작했다. 더 거기서 비를 그을 수 없었다. 밖을 내다보던 소년이 무엇을 생각했는지 수수밭 쪽으로 달려간다. 세워 놓은 수숫단 속을 비집어 보더니, 옆의 수숫단을 날라다 덧세운다. 다시 속을 비집어 본다. 그리고는 이쪽을 향해 손짓을 한다.

1) 두 작품의 공통점은 무엇인가?

2) 두 작품의 차이점은 무엇인가?

정답 1) 공통점 : 서술자가 객관적 입장이다.

2) 차이점 : (가)서술자가 작품 속의 등장인물 (나)서술자가 작품 밖의 인물

4. 다른 선생님의 출제경향도 파악하라

국어 선생님이 두 분 이상이라면, 문제를 나누어서 출제할 확률이 높으므로 다른 선생님의 출제유형도 파악하는 것이 좋다. 다른 선생님의 출제유형을 파악하기 위해서는 다른 선생님의 수업을 받는 친구와 서로 공동으로 정보를 교환하면 된다.

5. 문제집 선택을 잘하라

국어는 공부를 열심히 했다고 꼭 시험을 잘 보는 것이 아니라 문제집 선택도 중요하다. 문제집은 두 권 정도 사서 공부하는 것이 좋다. 그 중 한 권은 중점적으로 공부하고, 다른 문제집은 중점적으로 공부하는 것과 중복되는 문제가 있는가를 확인한다. 2권 이상의 문제집에 공통으로 나오는 문제라면 그만큼 출제빈도가 높다는 것을 의미하기 때문에 이런 문제는 꼭 기억하는 것이 좋다.

교사들은 문제집과 똑같이 출제하는 것을 가급적 피하고 있다. 하지만 그 많은 문제들을 일일이 만드는 것도 쉽지 않기 때문에 문제집을 참고하면서 조금씩 변형해서 출제하는 경우가 많다. 따라서 국어 문제를 풀 때는 여러 가지 변형된 문제를 미리 만들어 공부하면 선생님이 아무리 변형을 시켰다고 하더라도 그 문제를 쉬이 맞출 수 있게 된다.

국어선생님이 귓속말로 알려주는 5가지 길라잡이

　국어는 우리말을 바르게 사용함과 동시에 표현과 이해를 정확히 하여 생각하는 힘을 기르는 과목이다. 국어에서 다루는 영역은 어학, 문학, 문법, 작문 영역 등으로 매우 다양하다. 학생들 일부는 '국어는 늘 사용하는 말이니까 쉽다'라는 생각으로 국어공부를 소홀히 하기 쉬운데 이는 아주 잘못된 생각이다.

　국어는 오히려 우리가 매일 쓰는 것이지만 문법이나 분석을 생활화하지 않고 사용하기 때문에 생소한 것일 수도 있으므로 외국어라 생각하고 공부하는 것이 바른 생각이다. 국어는 다른 수학이나 영어와 같은 주지 교과에 비해 기초가 없어도 열심히 공부하면 충분히 따라갈 수 있는 과목이며, 성적을 높일 수 있는 과목이다. 다음은 강북권에 있는 중학교 국어선생님이 귓속말로 알려주는 5가지 국어 길라잡이다.

1. 예습을 철저히 하라

　수업을 듣기 전에 예습하는 습관이 가장 중요하다. 예습을 하지 않고 수업을 들으면 선생님이 무슨 소리를 하는지 알기 어려울 때가 많다. 국어수업을 듣기 전에 미리 배울 내용을 예습한다면 정작 수업시간에 선생님의 강의내용이 머릿속에 쏙쏙 들어오게 될 뿐만 아니라 이해도가 높아서 장기기억이 되기 쉽다.

2. 종합적으로 공부하라

　국어는 한 과목 안에서 어학, 문학, 문법, 작문 등 다양한 영역을 다룬다. 다양한 영역은 어찌 보면 다들 별개의 공부라고 생각할 수 있지만 국어라는 커다란 테두리 안에서 서로 연관되어 있다. 국어는 어느 한 부문

만을 편식하듯 공부해서는 안 되며, 다양한 영역에 대해 종합적으로 공부해야 한다.

3. 교과서를 읽을 때 생각하면서 암기하라

교과서의 내용들을 단순하게 문자적으로 암기하려고 하지 말고, 교과서의 내용을 분석적, 추론적, 비판적, 창의적으로 읽는 연습을 한다. 교과서에서 알려주고자 하는 것이 무엇인지 분석하고, 그에 따라서 추론을 해보고, 객관적 입장에서 비판하며, 새로운 생각을 가지려고 노력해야 장기기억으로 발전하게 된다.

4. 어휘의 의미를 정확하게 파악하면서 암기하라

국어과목에 나오는 내용들은 문학작품들이 많으며 이들은 일반적으로 사용하는 단어나 어휘보다 풍부한 단어나 어휘들을 사용한다. 국어 암기를 쉽게 하기 위해서는 기초적인 단어나 어휘의 의미를 정확하게 습득하고 문장과 문단을 정확하게 구사하면서 글 전체의 내용을 정확하게 이해하는 능력을 길러야 한다.

5. 교과서 밖의 작품들도 폭넓게 읽어라

국어공부를 잘하기 위해서는 평상시 교과서에 수록된 작품을 중심으로 깊이 있는 감상을 해야 한다. 그러나 교과서에 있는 작품만 읽게 되면 비교 대상이 없어 단편적인 지식으로 끝나기 쉽다. 분석과 비판력을 높이기 위해서는 교과서 밖의 작품들도 폭넓게 읽어두어야 한다.

인생의 필수요소 '영어' 쥐어뜯기

중학교 때는 공부를 잘하는 학생들 간에 영어성적에서는 큰 차이가 나지 않는다. 그러나 중위권 이하로만 내려가도 격차가 많이 발생하는데다 그 격차를 메우는 시간이 많이 필요하다. 영어공부를 제대로 하지 않으면 고등학교에 진학해도 좋은 성적을 얻기 어렵다. 대학에 진학해서도 영어와 관련된 원서를 읽거나, 입사할 때, 유학을 갈 때에도 어려움이 생긴다. 뿐만 아니라 영어를 잘해서 얻을 수 있는 수많은 기회를 모두 날리게 된다. 수학이 입시의 필수요소라면 영어는 인생의 필수요소라 할 수 있다.

초등학교에서는 영어에 대한 도입단계로서 저학년 때는 읽기 위주로, 고학년 때는 쓰기를 중심으로 부담 없이 공부할 수 있었다. 하지만 중학교에 입학하면 문법을 배우게 되면서 문법에 대한 문제와 지문이 길어지고, 지문은 교과서 밖에서도 출제되고 있다. 이는 전반적으로 아이들이 영어를 초등학교에서부터 배우기 때문에 실력이 향상되어감에 따라 난이도가 높아지고 있음을 의미한다.

초등학교에서 수준에 맞는 기초문법을 공부해 놓으면 중학교 공부가 한층 수월해질 수 있다. 영어도 중학교 때까지의 실력이 '평생실력'이 되는 경우가 많다. 고등학교에 가면 언어체계가 굳어지고, 입시준비로 인해 제대로 된 영어공부를 할 시간이 없기 때문이다.

중학교 영어와 고등학교 영어 사이에 배우는 내용에는 큰 차이가 없다. 다만 고등학교 영어가 문법과 독해에 비중을 두고 있다면 중학교 영어는 듣기-말하기에 약간 더 비중을 두고 있다. 그뿐만 아니라 고등학교에서는 중학교보다 배우는 단어의 수준이 올라가고, 지문이 길어지며, 보다 복잡한 문장이 사용된다. 따라서 중학교에서 교과수준을 충분히 따라가면 고등학교에서 격차 때문에 적응하지 못하는 경우는 별로 없다. 그러나 중학교에서 충분한 실력을 확보하지 못한다면 고등학교에서 영어시험을 잘 보는 것은 기대할 수 없다.

'영어' 대문 여는 5개 key

중학교에서 영어시험은 문법과 세부적인 해석에 집중하여 빈칸 채우기 혹은 단답식 서술형 문제를 출제하는 학교들이 많았다. 그러나 영어의 난이도가 높아지면서 지문의 전체적인 내용을 파악하고 글쓴이가 의도하는 것이나 중심생각을 파악하는 문제도 출제되고 있다. 여기에 서술형의 문제가 기존에는 문장 안에 단어를 채우는 식의 간단한 서술형에서 점차 벗어나 완전한 문장 전체를 쓰는 문제로 출제되고 있다. 이로 인해 영어공부는 단순히 문장을 외우는 것에서 벗어나 핵심문법 파악에서부터 주어와 동사의 위치, 시제, 수식어의 종류와 위치까지 완벽하게 알아야 한다.

 문제의 지문도 교과서 내에서 출제하는 것에서 벗어나 교과서 이외의 지문을 출제하고 있으며, 본문내용을 요약 정리하는 영작 문제가 출제되고 있다. 이러한 지문의 내용을 처음부터 끝까지 정확하게 파악하기 위해서는 독해능력을 높여야 하며 다시 완전한 영어문장으로 작문할 수 있는 공부를 해야 한다.

영어시험 출제방향에 따른 고득점을 위한 노하우는 다음과 같다.

1. 단어와 숙어를 많이 외워라

일반적으로 초등학교 교과서에서 다루는 단어는 대략 800단어 정도이다. 중학교 교과서에서 다루는 단어는 대략 2000단어 정도이며, 고등학교 때 교과서에서 다루는 단어는 대략 4000단어 정도이다. 양적으로도 대략 초등학교보다 중학교가 2.5배가 되며, 고등학교에서는 두 배 가량 된다. 따라서 중학교에서 단어 암기를 위해 사용하는 시간은 초등학교 때 썼던 시간의 두 배 이상을 쏟아야 한다. 게다가 단어의 수준이 높아지고 숙어가 많이 나오기 때문에 단어나 숙어를 암기하는 데 많은 시간을 쏟아 부어야 한다. 단어와 숙어는 적어도 매일 30-50개 정도를 외워야 한다. 그리고 눈에 띄는 새로운 단어들은 항상 핸드폰이나 전자사전, 인터넷 사전 등을 활용하여 수시로 찾고 암기해야 한다. 그래야만 영어문장을 이해하고 독해하는데 어려움이 없다.

숙어는 2개 이상의 단어가 결합하여 1개의 단어와 같은 작용을 하는 단어를 말한다. 숙어는 개별 단어의 뜻만 안다고 되는 게 아니라 하나가 되어 별개처럼 사용되는 경우도 있기 때문에 숙어는 나오는 대로 외워 두는 것이 좋다. 숙어는 별로도 외우기보다는 문장과 함께 외우는 것이 숙어의 뜻을 정확히 아는데도 도움이 되지만 활용하기도 쉽다. 또한 숙어를 외울 때는 숙어의 뜻과 비슷한 단어나 반대말도 같이 외우는 것이 효과적이다.

중학교에서 자주 나오는 숙어 외우는 방법

숙어	활용 예문
after school : 방과 후에	What do you do after school?
again and again : 몇 번이고, 되풀이하여 (repeatedly)	Read this sentence again and again.
all the time : 언제나, 항상 (always)	She is busy all day.
a lot of : 많은 (many, much)	She has a lot of books.

2. 영문법에 관심을 가져라

영어는 기초부터 단계적인 상승을 하기 때문에 한번 페이스를 놓치면 따라잡는데 굉장히 애를 먹게 된다. 특히 단어, 독해도 중요하겠지만 문법에 대한 기본을 완벽하게 공부하는 것이 영어공부의 핵심이다. 중학교에서는 문법이 적용된 문제들이 많이 출제됨으로 중학교 때 영문법의 기틀을 잘 잡아두어야 한다. 중학교 때 영문법을 진도에 맞게 숙달하게 하면 고등학교에 진학해서도 영어공부는 어렵지 않게 할 수 있다.

영문법을 공부하기 위해서는 먼저 교과서 이외에 중학교 영문법에 대하여 자세하게 정리된 기초영문법 책을 구해서 처음부터 끝까지 철저하게 공부하는 것이 중요하다. 문법을 숙달하려면 가장 중요한 것은 기초부터 확실하게 공부하는 것이다. 요즘 나온 좋은 문법 책들은 책으로만 공부할 수 있는 게 아니라 대부분 인터넷 강의와 연결되어 있다. 따라서 책으로만 공부해서 문법을 모르면 인터넷과 연계해서 부족한 부분을 공부하면 특별히 학원을 다니지 않고도 영문법을 숙달할 수 있다.

다음은 학생의 실력에 따라 영문법을 공부할 때 참고하면 좋은 책들이다.

- 기초 : 신입생영어, 파닉스 및 발음기호, 문법 입문 등
- 초급 : 기초영문법, 기본영어, 교육방송교재 등
- 중급 : 종합영어, 영문법 총정리 등
- 고급 : 토플, 토익 등

3. 독해연습을 많이 하라

중학교 영어 내신시험은 학교 수업시간에 선생님께 배운 교과서 내용을 중심으로 출제된다. 그러나 중학교 때는 초등학교 때와 비교하여 단어의 수도 많을 뿐 아니라 지문이 길어지고, 지문도 교과서 밖에서 출제된다. 중학교에서 정확한 문법공부와 독해연습이 부족하게 되면 해석도 어렵지만, 해석은 되는데 문제가 안 풀리거나 헛갈리게 된다. 따라서 최소한 교과서에 나와 있는 문장만이라도 완벽하게 독해할 수 있도록 연습해야 한다. 따라서 교과서 위주로 공부하는 것이 중요하다. 교과서 위주로 공부를 하는 방법은 먼저 교재에 나오는 문제를 풀어보면서 자세한 설명을 참고하는 것이 도움이 된다. 그리고 교과서와 관련된 구할 수 있는 영어 신문, 잡지 등의 매스컴이나 인터넷의 용어들과 표현들을 공부하

면 문제에 대한 응용력은 물론 교과서 이외에서 지문이 출제되어도 어렵지 않게 문제를 풀 수 있다.

 This sport가 가리키는 것을 고르시오.

> You play this sport with a ball. You run and kick the ball on the ground. It needs eleven players in a team. The World Cup is for this sport. It was held in our country, Korea and Japan a few months ago.

① golf ② basketball ③ tennis ④ baseball ⑤ soccer

정답 ⑤

4. 선행학습을 하라

중학교에서 영어성적을 높이기 위해서는 영어에 대한 선행학습이 필요하다. 영어는 다른 과목에 비해서 선행학습을 할수록 수업 중에 선생님의 수업내용이 귀에 들리고, 교과서를 읽는데 어려움이 없다. 선행학습을 하기 위해서는 최소한 수업이 시작되기 전에 배울 단원의 단어나 숙어를 암기하는 것은 물론 문장에 대한 독해나 문법을 익혀야 한다. 초등학교에서 영어에 대해 높은 성적을 받았다고 해도 선행학습을 하는 습관을 길러두는 것이 영어에 대한 자신감을 갖게 만든다.

5. 작문연습을 많이 하라

현재 영어시험 문제는 교과서 이외의 지문에서도 출제되고 있으며, 본문내용을 요약 정리하는 영작문제가 출제되고 있다. 따라서 수업시간에 배운 문법을 활용해 영어문장을 마치 우리말 쓰듯이 자연스럽게 쓸 수 있는 연습을 해야 한다.

 다음 글을 올바르게 영작한 것을 고르시오.

> 자녀가 몇 명입니까?

① How many child do you have?
② How much child do you have?
③ How many children do you have?
④ How much children do you have?
⑤ How many children does you has?

 ③

영어선생님이 귓속말로 알려주는 6가지 길라잡이

 영어는 주지교과로서 내신성적이나 입시에서 비중이 매우 큰 과목이다. 영어공부는 예전에 배웠던 지식들이 누적되어 기초를 튼튼하게 해야 효과를 보기 때문에 짧은 시간에 열심히 한다고 해서 효과를 보기 어려운 과목이다.

 기초가 부족한 학생들은 무조건 단어와 문법내용을 암기하는 방식으로 영어공부를 하려고 한다. 그러나 영어는 기초가 한번 무너진 상태에서 무조건 단어나 문법을 암기한다고 해결되는 것이 아니다. 영어를 잘하기 위한 영어 암기법은 먼저 문장을 외우고 그것을 바탕으로 단어와 문법을 암기하는 것이 좋다.

 집을 지을 때 골조를 튼튼히 하고 벽돌을 쌓고 인테리어를 하는 것처럼 영어를 공부할 때 문장을 암기하게 되면 우선 집을 짓는데 골조를 튼튼히 하는 것과 같다. 문장을 먼저 암기하게 되면 그 문장을 바탕으로 문법이나 단어를 전부 아우르면서 저절로 영어를 습득하는 방법이 된다.

 충분한 문장의 암기를 통해서 기본이 형성된 다음에는 의사소통의 기본단위인 회화나 변형된 문장을 만들기 위해서 문장의 기본인 단어나 어휘를 암기해야 한다. 단어나 어휘를 암기해야 하는 이유는 골격이 아무리 튼튼해도 벽돌을 쌓아야 집의 형태가 갖추어지는 것처럼 기본을 튼튼히 하는 배경이 된다.

 아무리 많은 단어나 어휘를 암기하고 있다고 해도 이를 적절히 조합할 수 있는 문법을 모르면 무용지물이다. 뿐만 아니라 문법은 무수히 많은 문장들의 공통된 법칙을 찾아서 수학공식처럼 정리해 주는 것이기 때문에 필수적으로 알아야 응용력과 적용력이 커진다. 문법을 암기하면 단어만 바꿔치기해서 말하고 쓰고 읽고 이해하는 게 가능해지기 때문이다.

단어와 어휘를 충분히 암기하고 문법을 암기하는 것은 영어 학습의 가장 효율적이고 경제적인 방법이다. 다음은 강남권에 있는 중학교 영어선생님이 귓속말로 알려주는 6가지 영어 길라잡이다.

1. 눈으로만 암기하지 말고 손으로 암기하라

단어를 암기할 때 쉽게 범하는 것이 눈으로 익숙해지도록 암기하면 된다고 생각하는 경우가 있다. 이는 눈을 떼고 바로 암기한 단어를 써보아 써진다면 문제가 안 되지만 써지지 않는다면 암기방법이 잘못된 것이다. 암기는 눈으로만 암기해서는 도움이 안 되고, 보지 않고 손으로 쓸 수 있도록 암기를 해야 한다.

2. 입으로 암기하라

영어는 다른 과목에 비해서 발음이 중요하다. 다른 과목은 손으로 써서 암기할 수 있지만 영어는 소리를 내서 자신의 발음을 귀로 들을 수 있도록 암기해야 효과가 높다. 영어는 더욱이 발음이 자연스러워져서 조금의 주저함이 없이 입에서 튀어나올 정도가 되어야 한다. 영어는 오감을 이용해서 암기해야 더욱 효과가 높다. 눈으로도 보고, 손으로도 쓰고, 입으로도 발음을 해야 암기가 잘된다.

3. 분석한 후 암기 하라

영어 단어 중 많은 단어는 단어들의 조합이다. 단어의 근간이 되는 어근에 대해서 충분히 이해를 하고 그것을 바탕으로 단어를 조합하면 같은 시간에 많은 단어를 외울 수 있으며, 단어의 활용도도 높아진다. 암기해야 할 단어를 보고 어근이 무엇이고, 무엇이 합성되어 있나 분석하면 암기를 쉽게 할 수 있다.

4. 스스로에게 질문하면서 암기하라

'I am happy; 나는 행복하다'라는 문장을 암기해야 한다면 '나는 왜 행복하지?' 또는 '왜 하필이면 happy라는 단어를 썼을까 나 같으면 angry라는 단어를 사용했을 텐데'라는 질문을 스스로에게 하고 자신에서 설명하듯 스스로 자신이 이해한 것을 종이 위에 쓰면서 설명하는 게 좋다. 자신에게 질문을 하고 그에 대해 가르치듯이 하면 문장이 구체적이 되면서 질문한 내용과 연상되어 암기가 쉽게 된다.

5. 발음을 우리말과 연관시켜 암기하라

수많은 영어 단어를 암기하는 것은 어렵다. 영어 단어를 쉽게 암기하는 방법 중에 하나는 영어 단어의 발음을 국어에서 비슷한 말로 대치해서 암기하는 것이다. 스펠링은 잘 몰라도 비슷하게 발음한 것을 기억한다면 스펠링을 유추하여 기억하는 데 도움이 된다.

6. 한국어보다는 영어회화를 자주 사용하라

영어는 자주 현장에서 직접 사용해야 는다. 일상 속에서 한국어를 쓰는 대신 아는 영어를 사용하면 암기한 것이 장기기억이 되어서 도움이 된다. 영어를 사용하는 방법은 단어나 숙어, 회화 등 모든 것을 사용하는 것이 좋다. 예를 들어 '아버지' 대신에 'father!'이라고 하거나 '좋아요' 대신에 'I am fine'이라고 해보자.

 내가 던진 그물로 건지는 '수학'

수학에 대한 학생들의 반응을 보면 긍정적인 생각보다는 부정적인 생각이 앞선다. '수학은 배워서 뭐하지요', '수학은 너무 어려워요', '수학이 너무 싫어요', '수학은 외울게 너무 많아요', '수학 공부만 하려면 현기증이 나요' 등으로 표현하는 경우가 많다. 실제로 아이들은 수학은 초·중·고등학교 내내 온갖 공식을 배웠지만 대학교에 이공계로 진학하거나 대학 졸업 후 수학 관련 직업에 종사하지 않는다면 아무 필요없는 과목이라고 생각하는 학생들도 많다. 이처럼 수학에 대한 부정적인 생각을 갖게 되는 데는 수학을 왜 공부해야 하는지를 모르기 때문에 출발하는 경우가 많다.

역사적으로 수학이 과학기술 발전에 기여하게 된 것은 모든 사람들이 가지고 있는 일반적인 수학 지식이 아니라 일부 소수의 수학자들에 의하여 이루어졌다는 것은 부인하지 못한다. 이러한 이유 때문에 모든 학생에게 수학 공부를 강요하는 것은 말이 되지 않는다는 반론이 있을 수 있다. 하지만 수학의 역사 발전과 기술의 발전만을 이야기하기에는 너무나 중요하다는 것이다. 수학이 중요한 이유는 바로 우리나라 시험제도에서 수학성적이 시험성적을 좌우한다는 것이다. 수학성적이 차지하는 비중이 시험성적의 비중이 아주 높기 때문이다. 결국 수학을 포기한다는 것은 시험 전체를 포기하는 것과 같은 결과를 가져온다.

실제로 수학을 포기하고는 수능시험에서 좋은 성적을 얻을 수 없을 뿐만 아니라 대학 수시 모집에서도 수학 내신만을 평가하는 대학이 있을 정도이므로 수학은 한 사람의 평생성적을 결정한다고도 할 수 있다. 그래서 새로 생긴 신조어가 바로 수학을 포기하면 대학을 포기하게 된다는 '수포대포'라는 단어다. 따라서 수학을 포기하고 다른 공부를 아무리 열심히 해도 기본은 할 수 있을지 모르지만 좋은 시험성적이나 좋은 대학을 가기는 어렵다는 것을 알아야 한다. 수학 공부를 단지 대학 진학을 위한 수단으로 인식하기보다는 수학 공부의 유용함과 필요성을 인식하는 것이 수학 공부를 더 능률적으로 할 수 있는 방법이 될 것이다.

수학은 시험성적에도 중요하지만 수학 공부를 통해 얻어진 사고능력 또한 다른 여러 분야에서도 이용될 수 있다는 점에서 큰 의미를 가져야 한다. 실제로 수학 공부를 하게 되면 수학의 기본지식, 추론능력, 문제해결력, 수학적 아이디어, 인내, 흥미, 지적 호기심, 창의력이 길러진다. 이처럼 수학을 공부하는 과정에서 얻어지는 비판적 사고력, 논리적 사고력, 창의력, 연역적·귀납적 추론능력 등은 우리의 문제해결력과 창의력을 주는 강력한 기반이 된다. 교육자 페스탈로치는 수학 공부를 정신체조에 비유했다고 전할 정도로 수학 공부를 하면할수록 그만큼 수학이 두뇌 계발에 유용하다는 것을 이야기한다. 따라서 수학 공부를 하게 되면 두뇌계발은 물론 사고력과 문제해결력의 향상으로 인하여 다른 과목의 시험성적에도 영향을 미치며, 미래 인재의 조건인 창의적인 사고를 하는데도 도움이 된다.

수학 공부는 사회적으로는 국가 발전에 중요한 요인이 되지만, 개인적으로는 시험성적을 높이는데 도움이 될 뿐만 아니라 인생을 결정하는 중요한 요인이 된다는 것을 명심하고 수학공부를 해야만 한다.

중학교에 진학해서 학생들의 실력 차이를 결정짓는데 수학은 매주 중요한 과목이다. 수학은 주로 빠르고 정확한 계산능력을 요구하는 문제 위주로 출제를 하고 있다. 고등학교에서는 시험범위가 배운 곳에서만 출제하는 것이 아니라 이전 단원까지 포함하여 시험범위가 넓어졌으며, 전체적인 문제의 수준을 높이고 복잡한 계산문제로 변별력을 높이고 있다.

중학교 수학시험을 대비하기 위해서는 교과서에 있는 문제들은 전부 풀어 보아야 하며, 평소 많은 문제풀이를 통해 계산능력을 향상시키는 것은 기본이고 논리적인 서술형 문제 풀이도 해야 한다. 사실, 수학시험 문제만큼 응용하기 쉬운 것도 없다. 고득점을 받기 위해서는 심화문제에 대한 적응력을 키워야 하며, 활용문제를 많이 풀어보는 것이 효과적이다. 무엇보다 중요한 것은 수학시험은 문항 수에 비해 시험시간이 짧기 때문에 빠른 시간에 문제를 풀 수 있도록 공부해야 한다. 모르는 문제나 어려운 문제는 나중에 시간이 남을 때 풀도록 하자.

단계적인 수준 상승을 특징으로 하는 수학이나 영어과목은 한 번 페이스를 놓치면 따라잡는데 굉장히 애를 먹게 된다. 현재 중학교 중위권이라고 생각되거나 중학교 우등생 중에 수학을 싫어하는 학생들은 마음을 바꾸어 수학공부를 해야 한다. 고등학교에 진학해서 갑자기 수학을 따라잡으려 한다면 큰 낭패를 볼 수 있기 때문이다.

 ## 5개 '?'표로 사로잡은 '수학'

중학교에서는 초등학교보다 시험 보는 과목이 배 이상 증가하고 난이도 또한 어려워진다. 시험 횟수도 두 배로 증가한다. 교육청별로 차이가 있지만 일반적으로 초등학교 때는 1년에 두 번 시험을 보지만 중학교 때는 1년에 중간, 기말, 중간, 학기말 시험을 치른다. 더욱이 수행평가도 성적에 반영되기 때문에 나름대로 성적 관리에 들어가야 한다. 또한 초등학교에서의 시험은 그냥 교과서의 내용을 암기만 하면 기본 성적은 얻을 수 있지만 중학교부터는 지식적인 부분만 출제되는 것이 아니라 이해나 적용 같은 사고력을 요하는 문제가 출제된다. 따라서 문제집을 많이 다루어야 응용력이 생긴다.

수학 과목에서 차이를 보면 아이가 중학교에 진학하면서 초등학교 때는 배우지 않던 기호나 개념을 중학교에 와서 배우게 된다. 초등학교 수학과 중학교 수학의 내용은 연결되는 부분도 많지만 전체적으로 크게 차이가 난다. 우선 중학교에서는 자연수, 정수, 방정식, 통계, 도형, 유리수, 부등식, 일차함수, 확률, 실수, 이차방정식, 피타고라스 이론이 나온다. 실제로 중학교에 와서 처음 배우는 내용이 전체의 50%이상에 달한다. 더욱이 중학교 때는 교과서 이외에도 부교재로 다른 기본서나 문제집을 보아야 하기 때문에 공부할 내용도 많아진다. 그러다 보니 체감하는 난이도는 당연히 훨씬 높을 수밖에 없다.

중학교와 초등학교 공부의 차이를 만드는 가장 큰 요인이 바로 수학이다. 실제로 중학교에 진학해서 학생들의 실력 차이를 결정 짓는데 수학은 매주 중요한 과목이 되고 있다. 중학교 수학시험은 배운 내용을 위주로 평이하게 나오는 편이나 주로 빠르고 정확한 계산능력을 요구하는 문제 위주로 출제를 하고 있다. 따라서 중학교에서는 단순하게 공식을 외워서 여러 문제집을 풀어 문제 유형을 많이 경험하는 것이 좋다. 그러나 중학교에서 수학 성적이 오르지 않거나, 수학을 어려워하거나 중도에 포기하려고 하면 결국 현재의 수준을 점검하여 부족한 부분을 찾아서 초등학교 때 배운 것부터 다시 시작해야 한다.

수학시험 출제 방향에 따른 고득점을 위한 노하우는 다음과 같다.

1. 공식을 암기하라

수학을 싫어하는 학생 가운데에는 공식을 암기하는 것이 귀찮기 때문이라는 학생이 있다. 수학은 공식을 암기하지 않고는 풀 수 없는 문제들이 많다. 공식을 알면 바로 계산하여 답을 찾을 수도 있고, 답을 찾지 못해도 문항들을 대입해보면 무엇이 정답이고 오답인지를 알 수가 있다. 따라서 공식만 암기하면 수학에 대한 자신감을 갖게 되고, 흥미를 돋우며, 시험을 치를 때 많은 도움이 되어 좋은 점수를 받을 수 있다.

암기할 공식

집합의 연산	정의	성질
부분집합	A=B↔A⊂B이고 B⊂C	∈(속한다), ∉(속하지 않는다), ⊂(부분집합이다), ⊄(부분집합이 아니다), =(서로같다)
교집합	A∩B={χ|χ∈A 그리고 χ∈B}	(A∩B)⊂A, (A∩B)⊂B {A⊂B 이면 A∩B=A {B⊂A 이면 A∩B=B A∩∅=∅, A∩A=A
합집합	A∪B={χ|χ∈A 또는 χ∈B}	A⊂(A∪B), B⊂(A∪B) {A⊂B 이면 A∪B=B {B⊂A 이면 A∪B=A A∪∅=A, A∪A=A
여집합	A'={χ|χ∈U 그리고 χ∉A}	A∩A'=∅, A∪A'=U (A')'=A ∅'=U, U'=∅
차집합	A-B={χ|χ∈A 그리고 χ∉B}	A'=U-A A-B=A∩B'=(A∪B)-B 　　　　　　 =(A∪B)-(A∩B) B-A=B∩A'

연습문제 두 집합 A={2, 4, 6, 8}, B={4, 8} 사이의 포함관계를 부분집합 기호로 나타내시오

답 (　　　)

정답 B⊂A

2. 이해하고 암기하라

수학공식을 암기할 때는 무턱대고 암기한다고 모든 수학문제가 풀리는 것이 아니다. 공식은 이해를 하면서 암기해야만 공식을 문제에 적용할 수 있다. 공식만 외우기만 하면 풀 수 있는 문제도 한계가 있으며, 공식을 암기했는데 이해가 안 되면 무엇을 대입해야 하는지, 어떻게 문제를 푸는지 몰라 외운 것이 의미가 없게 된다.

예 | 피타고라스의 정리를 단순하게 '$a^2+b^2=v^2$' 공식으로만 외우게 되면 문제를 풀 때 무엇을 대입해야 하는지 어떻게 푸는지를 모르게 된다. 따라서 피타고라스의 정리에 대한 이해를 하고 외우는 것이 좋다.

피타고라스의 정리를 처음으로 증명한 사람은 고대 그리스의 수학자인 피타고라스이다. 따라서 그의 이름을 따서 이 정리를 피타고라스의 정리라고 한다.

피타고라스의 정리는 직각삼각형의 직각을 포함하는 두 변 위의 정사각형의 넓이의 합은 빗변 위의 정사각형의 넓이와 같다고 하는 정리이다. 다음 그림과 같이 직각삼각형의 직각을 낀 두 변의 길이를 각각 a, b 라 하고, 빗변의 길이를 c 라 하면 $a^2+b^2+c^2$ 이다.

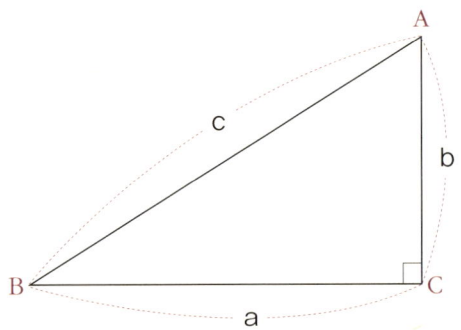

연습 문제 다음 그림과 같이 △ABC의 세 변 AB, AC, BC를 한 변으로 하는 세 정사각형의 넓이가 각각 26cm², 78cm² 라고 할 때, △ABC의 넓이는?

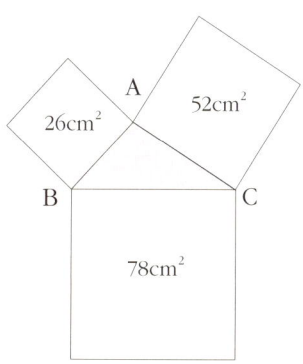

① 13cm² ② 13√2 cm² ③ 26cm² ④ 26√2 cm² ⑤ 39cm²

정답 ②

$\overline{AB}^2=26$, $\overline{AC}^2=52$, $\overline{BC}^2=78$에서

$\overline{AB}^2+\overline{AC}^2+\overline{BC}^2$이므로 △ABC는 ∠A=90°인 직각삼각형이다.

$$\triangle ABC = \frac{1}{2} \times \overline{AB} \times \overline{AC}$$
$$= \frac{1}{2} \times \sqrt{26} \times \sqrt{52}$$
$$= 13\sqrt{2}(cm^2)$$

3. 공식을 모르면 대입하라

수학문제는 다른 과목과는 달리 주관식 문제가 어울리지만, 채점을 빠른 시간 내에 해야 하고, 평가의 다양화를 위하여 객관식으로 시험문제를 출제한다. 주관식은 모르면 전혀 쓸 수 없지만 5지 선다형의 객관식 문제는 아무 번호나 한 개를 체크했을 때 맞을 수도 있다. 이는 맞을 확률이 1/5이 되는 것으로 확률이 꽤 높은 것이다. 수학문제는 특히 풀이방법을 모르면 정답을 찾기가 곤란하나, 문항에서 적당한 것을 골라 문제에 대입해 보면 쉽게 정답이나 오답을 찾을 수 있다.

연습문제

다음 중 y가 x에 정비례하고, $x=2$일 때 $y=6$이다. 이 때, x와 y 사이의 관계를 식으로 나타낸 것은?

① $y=x+10$ ② $y=3x$ ③ $y=3x+6$ ④ $y=\dfrac{12}{x}$ ⑤ $y=6x$

정답 ②

대입하는 방법 ① $6=2+10$ ② $6=3\times2$ ③ $6=3\times2+6$ ④ $6=12/2$ ⑤ $6=6\times2$

4. 쉬운 문제부터 풀어라

중학교에서 배우는 과목들은 시험시간이 똑 같이 1시간이지만 수학시험만큼은 시간이 부족하다는 생각이 든다. 문제가 많아서라기보다 문제를 푸는 시간이 다른 과목들보다 복잡하고 시간이 걸리기 때문이다. 수학시험을 볼 때는 배점이 같을 때는 전체적으로 시험지를 보면서 어려운 문제는 표시를 해두고 쉬운 문제부터 풀어야 한다. 시간이 남는 경우에 어려운 문제를 푸는 것이 좋다는 그 말이다. 배점이 다른 경우에는 배점이 높은 문제부터 풀어야 한다. 이는 시간이 부족하면 쉬운 문제도 답하지 못하고 놓치는 경향이 있기 때문이다.

5. 문제를 풀고 검토를 하라

수학은 숫자로만 구성되어 있는 것이 아니라 기호나 부호가 많이 사용된다. 따라서 숫자로 된 것은 다 맞지만 기호나 부호가 틀리게 되면 오답처리가 되기 때문에 꼼꼼히 검토해서 기호나 부호가 빠지거나 틀리지는 않았는가를 확인해야 한다.

수학선생님이 귓속말로 알려주는 5가지 길라잡이

수학은 암기하기 보다는 이해하는 과목이라고 생각해서 암기를 하지 않는 학생들이 있다. 수학에서도 암기는 절대적으로 필요하다. 굳이 비율을 따지자면 수학공부는 암기 10%와 이해 90%로 이루어졌다고 할 수 있다. 수학 암기의 비율이 10%라고 해서 그 중요성이 떨어지는 것은 아니다. 왜냐하면 10%의 암기를 바탕으로 하여 90%의 이해가 필요하기 때문이다.

예를 들어 사각형의 넓이를 구하라는 문제가 출제되었을 때 공식인 '가로길이×세로길이'를 정확히 알지 못하면 사각형의 넓이를 구하는 문제를 해결할 수 없다. 그렇다고 공식만을 기계적으로 암기해서 암기한 공식에 숫자만 대입하면 답이 나오는 만만한 과목도 아니다. 수학공부를 잘하기 위해서는 먼저 공식을 암기한 다음에 문제를 푸는 방법인 공식의 유도과정을 이해해야 한다.

예를 들면 윗변의 길이가 5cm이고, 아랫변의 길이가 3cm이며, 높이가 4cm인 사다리꼴의 넓이를 구하라는 문제가 있으면 이를 해결하기 위한 공식은 '(아랫변+윗변)×높이÷2'라는 공식에 아랫변이나 윗변을 찾아서 넣어야 하고 높이를 찾아서 대입할 줄 알아야 한다. 즉 (5+3)×4÷2=16

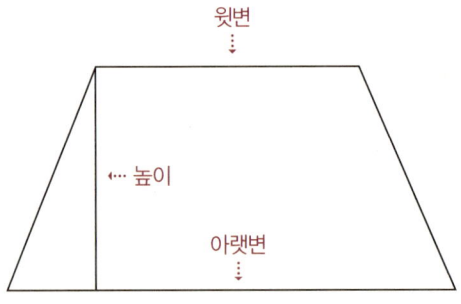

인데 잘못하면 아랫변이나 윗변을 높이로 인식해서 대입한다면 답이 틀려지기 때문이다. 다음은 강서구에 있는 중학교에서 수학을 가르치고 있는 수학선생님이 귓속말로 알려주는 5가지 수학 길라잡이다.

1. 중요한 공식만 암기하라

초등학교 수학에서는 공식이 그리 많지 않으며 대부분 넓이를 구하는 공식들이 많다. 중학교 수학에서는 방정식을 구하면서 공식도 많아진다. 수학에서 공식이 많이 나온다고 해서 무조건 불필요한 공식까지 모조리 암기하면 공식들 간에 헛갈리게 되어 문제가 될 수 있다. 공식의 우선순위는 얼마나 자주 출제되는지, 얼마나 다양하게 사용되는지, 공식을 대체할 방법이 있는지 없는지, 선생님이 중요하다고 강조했는지에 따라 결정된다. 이들 4가지 중에서 한 가지만 만족해도 중요한 공식이라 할 수 있고, 반드시 암기해야만 문제해결이 가능하다.

2. 응용문제를 많이 풀어라

공식은 암기한 것만이 중요한 게 아니라 실제로 적용해서 풀어보는 것이 중요하다. 자꾸 비슷한 문제를 풀어보는 것은 공식의 유도과정을 충분히 이해하게 해서 어떠한 문제도 쉽게 풀 수 있게 하기 때문이다. 실제로 교과서에 있는 문제는 잘 풀지만 조금만 변형하면 틀리는 경우가 비슷한 유형의 문제를 많이 풀어보지 않았기 때문이다.

3. 기초가 부족하면 처음부터 다시 시작하라

수학은 영어와 마찬가지로 기초가 없으면 따라가기가 어려운 과목이다. 수학은 기초를 모르고 '나중에 공부하면 되지'라는 생각을 허락하지 않는다. 기초가 부족하다고 생각하면 그 문제의 기초가 되는 학년의 교과서나 참고서를 가지고 공부를 다시 해야 한다.

4. 복습을 많이 하라

　수학은 영어와 마찬가지로 내신이나 수능에서도 과목의 비중이 큰 과목이다. 수학과목의 점수를 높게 받고 싶으면 어떤 일이 있어도 그날 배운 수학 교과내용은 그날그날 복습을 해서 완벽하게 내 것으로 만들어야 한다. 그렇지 않고 나중에 공부하려고 하면 기억도 나지 않을뿐더러 새롭게 혼자 공부해야 하기 때문에 결국 수학을 포기하게 된다. 다른 과목도 마찬가지지만 수학은 꼭 복습을 습관화해야 잘 할 수 있다.

5. 오답노트를 작성하라

　수학은 문제 위주로 되어 있기 때문에 문제를 많이 풀게 된다. 문제를 풀다보면 틀리는 문제들이 발생하는데 이때에는 꼭 오답노트를 작성하여 틀린 부분이 어디인지를 체크해서 시험에 가까운 때에 복습에 활용하면 비슷한 문제가 출제되었을 때 틀리지 않을 수 있다.

 재미없는 '과학' 재미있게 붙들기

과학이라는 과목은 대자연의 오묘하고도 신비스러운 현상을 연구하여 자연 속에 숨겨진 질서와 비밀을 찾아내고, 이것을 이용하여 미래를 설계하는 학문이다. 과학은 물리, 화학, 생물, 지구과학 등으로 구성되어 있다. 이 4개의 과목 모두 자연의 현상을 연구하고 질서와 비밀을 알아내는 학문이다.

과학에서 다루는 자연현상은 재현이 가능하다. 자연과학은 이러한 특성에 따라 실험이 가능하고, 자연현상 속에서도 나름대로의 진리나 법칙을 찾아내려는 특징이 있다. 과학과목에 대해 학생들은 실험과 관찰만 하면 된다고 가볍게 생각하는 경향이 있다. 과학은 단순한 실험 실습에 참여해 이해만 한다고 해서 공부가 다 되는 것이 아니라 암기가 필요하다.

실험과 관찰만 하면 된다고 생각하는 학생들은 과정이 단순하게만 느껴져 과학이 재미없는 과목이 되기 쉽다. 과학과목의 암기법은 한마디로 원리를 파악하고 암기를 해야 하는 과목이다. 원리를 알아야 실험과 관찰도 재미있는 공부가 된다.

과학은 사회와는 달리 이해와 암기가 종합적으로 섞인 과목이다. 때문에 원리에 대한 이해를 하지 못하고 탐구력, 분석력, 추리력, 문제해결과 같은 사고력이 부족하면 어려운 과목이다. 과학공부를 잘하기 위해서는 수업시간에 단원마다 원리가 무엇인지 그로 인해서 어떤 원인과 결과가 나오는지 생각을 하면 과학공부에 대한 이해도를 높일 수 있다. 아울러 나타난 사실에서 무엇이 중요한지를 분석해 중요한 것만 찾아서 암기하는 것이 효과적이다.

초등학교에서는 과학의 기본인 에너지, 물질, 생명, 지구 등에 대해 시험문제가 출제되는데 비해 중학교 과학에서는 물리, 화학, 지학, 생물의 기초들을 전체적으로 다루고 있다. 난이도에 있어서는 중학교 때 배우는 과학은 초등학교에서 배우는 과학의 거의 3배에 달한다.

중학교 시험에서는 계산문제가 많지 않지만 최근 과학시험에서는 공식을 이용한 계산문제의 출제가 늘어나고 있다. 중학교 과학에서는 일, 역학적 에너지, 전기, 파동 등에서 한두 개의 공식이 나올 뿐 복잡한 것은 고등학교에 비해 상당히 부족한 편이다.

1. 과학은 영역 간에 형평성을 유지하라

과학은 한가지로 구성된 것이 아니라 물리, 화학, 생물, 지구과학 등 네 영역으로 구성되어 있다. 이들 영역은 서로 성격이 달라서 독립된 것으로 보이지만 서로 유기적으로 연결된 내용이 많다. 따라서 특정영역에 대한 공부가 다소 부족하다면 다른 영역에도 영향을 미칠 수 있다. 과학의 부족한 영역은 기초부터 공부를 해서 부족한 부분을 메워야 높은 성적을 받을 수 있다.

2. 실험을 집중적으로 공부하라

과학공부를 무엇부터 시작해야 할지 모르면 우선 교과서에 나오는 실험을 집중적으로 살펴보는 것이 좋다. 실험은 대부분 교과서의 핵심적인 부분이다. 실험에서 나오는 가설설정, 실험과정, 실험결과 등을 이해한다면 핵심개념을 이해하는데 도움이 된다.

과학 과외교사가 귓속말로 알려주는 5가지 길라잡이

　과학은 고등학교로 올라가면 중학교에서 배운 것은 완전히 기초가 될 정도로 난이도도 높고 공식도 많이 나온다. 따라서 원래의 공식만을 외울 것이 아니라 원래의 공식을 가지고 변형하고 응용하는 능력을 길러야 한다. 과학은 공식과 연관된 개념부터 공식 유도과정까지 확실하게 이해할 필요가 있다. 고등학교에서는 계산문제의 비율이나 난이도가 많다. 과학공부를 잘하기 위해서는 수학공부도 기본이 되어야 한다. 따라서 중학교에서 과학의 기초를 탄탄하게 다지지 못한다면 고등학교에서의 과학은 사상누각과 같다. 다음은 종로구에 있는 학원가에서 과학을 가르치고 있는 과학 과외교사가 귓속말로 알려주는 5가지 과학 길라잡이다.

1. 이야기로 만들어 암기하라

　과학은 개별적인 지식의 나열로 암기하기 보다는 원인과 결과를 연계하여 이야기로 만들어 암기하는 것이 좋다.

예 | 수생생물에서 말류, 프랑크톤, 어류에 대해서 암기를 해야 한다면 단편적인 지식으로 암기해야 하기 때문에 재미가 없다. 하지만 이것을 상상과 탐구로 이야기를 만들어서 암기한다면 재미있을 것이다. 예를 들어 말류는 프랑크톤이 먹고, 프랑크톤은 어류가 먹고, 어류는 사람이 먹는다는 먹이사슬과 연계한다면 기억도 쉽고 재미가 생기게 된다.

2. 그림으로 만들어서 암기하라

　과학과목을 재미있게 암기하는 방법 중 하나는 그림으로 만들어서 암기하는 것이다.

예 | 동물에는 척추동물과 무척추동물이 있으며, 척추동물에는 어류, 양서류, 파충류, 조류, 포유류가 있다는 내용을 암기해야 한다고 할 때 평면적으로 암기하는 것은 어렵다. 하지만 개념도나 마인드맵으로 만들어서 암기한다면 지식이 체계화되면서 훨씬 암기하기가 쉽다.

3. 실험과 관찰을 하면서 원인과 결과를 생각하며 암기하라

과학과목에서 상당한 비중을 차지하는 것이 실험과 관찰이다. 이러한 관찰과 실험시간에 과정을 지켜보기만 한다면 공부에 전혀 도움이 되지 못한다. 관찰과 실험 과정에 '원인이 무엇 때문에 이러한 결과를 가져왔는지?' '지금처럼 한다면 과연 어떤 결과가 나올지?'를 상상하면서 관찰과 실험을 하는 동안 중요한 내용을 암기하게 된다. 이처럼 의식 있는 관찰과 실험은 경험한 것과 같기 때문에 장기기억으로 저장되기 쉽다.

4. 그래프나 도표, 그림을 암기하라

과학시험 문제를 보면 유난히 많이 출제되는 것이 바로 그래프나 도표, 그림이다. 실제로 교과서를 봐도 그래프, 도표, 그림이 유난히 많은 과목이다. 따라서 핵심개념과 연관된 그래프, 도표, 그림은 반드시 익히는 것이 좋다. 그래프, 도표, 그림 등을 외우는 것은 문장을 외우는 것보다 기억에 오래 남게 됨으로 문장을 외울 때 그래프, 도표, 그림 등을 연상해서 하면 암기가 더욱 잘된다.

5. 오답노트를 만들고 약점을 암기하라

과학은 생각 외로 난해한 문제들이 많아서 틀리는 문제가 많다. 과학은 그동안 풀었던 문제집이나 참고서에서 틀린 문제를 그냥 지나치지 말고 오답노트에 정리하고 다시 풀어보는 것이 바람직하다. 오답노트를 정리하게 되면 자신이 부족한 부분은 어디인지 확인하고, 다음에 비슷한 문제나 똑같은 문제가 출제되었을 때 실수를 반복하지 않을 수 있기 때문이다.

'암기'와 '이해' 속에 스스로 익히는 '사회'

사회는 일반사회나 역사, 지리 같은 과목으로 구성되어 있어서 그 어떤 과목보다 암기할 내용이 많다. 그래서 그런지 사회과목을 암기과목이라고 생각하기 쉽다. 이 때문에 이해를 주로 요구하는 과목인 수학이나 과학을 좋아하는 학생들일수록 단순한 암기를 해야 하는 사회과목을 재미없어 하는 경우도 있다. 암기할 내용이 많기 때문에 일일이 암기하는 것은 매우 귀찮은 일이기 때문이다.

사회과목을 암기과목이라고만 단정 짓지 말고 이해와 같이 병행한다면 의외로 쉽게 암기할 수 있는 방법이 있다. 특히 전반적으로 모든 과목의 성적이 낮은 학생일수록 사회과목에 대한 암기방법만 익힌다면 바로 성적을 올릴 수 있는 장점이 있는 과목이다.

초등학교에서 배우는 사회는 크게 인간과 사회, 인간과 시간을 주로 시험문제로 출제한다. 중학교에서는 국사와 사회로 분리하여 배우지만, 사회는 굉장히 다양한 내용을 포함해 시험에서 다루고 있다. 초등학교에서는 사회생활을 하는 데 필요한 기본적인 지식을 시험에 출제하지만 중학교에서의 사회는 사회현상에서 세분화된 내용들을 시험에 출제한다.

중학교 사회시험에서는 기본적으로 배운 내용을 바탕으로 단순하게 물어보는 문제들의 출제가 높기 때문에 교과서를 중심으로 수업을 잘 들으면 충분히 해결할 수 있는 문제가 많다. 반면에 고등학교 사회는 사실적인 문제를 한번 꼬아내는 문제들이 꽤 섞여 있다.

사회는 다른 과목에 비해서 외울 것이 많은 과목이다. 그렇다고 높은 성적을 얻기 위해서 무작정 모든 교과서의 내용을 암기하는 것은 매우 비효율적이다. 효율적인 암기를 위해서는 전략과 기술이 필요하다. 사회과목에 대해 효율적인 암기를 위해서는 학습내용에 대한 충분한 이해가 먼저 필요하다.

사회 과외교사가 귓속말로 알려주는 5가지 길라잡이

사회는 '선 이해 후 암기'를 해야 한다. 이해도 못하고 무작정 외웠다가는 시험 보기 직전에 머릿속에 하나도 생각이 나지 않거나 다른 과목의 내용과 섞이기 쉽다. 사회공부를 할 때는 스토리 중심으로 '무엇이 중요한지', '나라면 무엇을 출제할 것인지?', '왜 이런 결과가 나오는지?', '다른 사건과 어떤 연계관계가 있는지'를 생각하면서 공부해야 한다. 다음은 성북구에 있는 학원가에서 사회를 가르치고 있는 과외교사가 귓속말로 알려주는 4가지 사회 길라잡이다.

1. 용어의 개념을 명확히 하고 암기하라

사회과목은 새로운 용어들 투성이다. 새로운 용어들에 대해서 정확히 이해하지 않고는 암기가 어렵다. 요즘 학생들은 한자교육을 받지 않은 탓에 새로운 단어가 나타나면 개념 정의가 되지 않기 때문에 암기하는 것이 쉽지 않다. 교과서에 새롭게 나오는 전문적인 용어나 낯선 개념들에 대해서는 사전을 찾거나 선생님에게 정확한 뜻을 물어서 원래의 뜻부터 이해를 해야 한다.

2. 개념을 연결하거나 개념도를 만들어서 암기하라

사회과목은 대부분 사회현상과 역사에 대한 내용들이 많다. 이들은 어떠한 중심을 바탕으로 하위개념으로 발전하거나 범주화를 시킬 수 있는 내용이 많다. 사회과목의 내용들을 단편적인 지식의 나열로 암기할 것이 아니라 개념을 연결하거나 개념도를 만들어서 암기한다면 연상작용과 함께 장기기억으로 만들 수 있다.

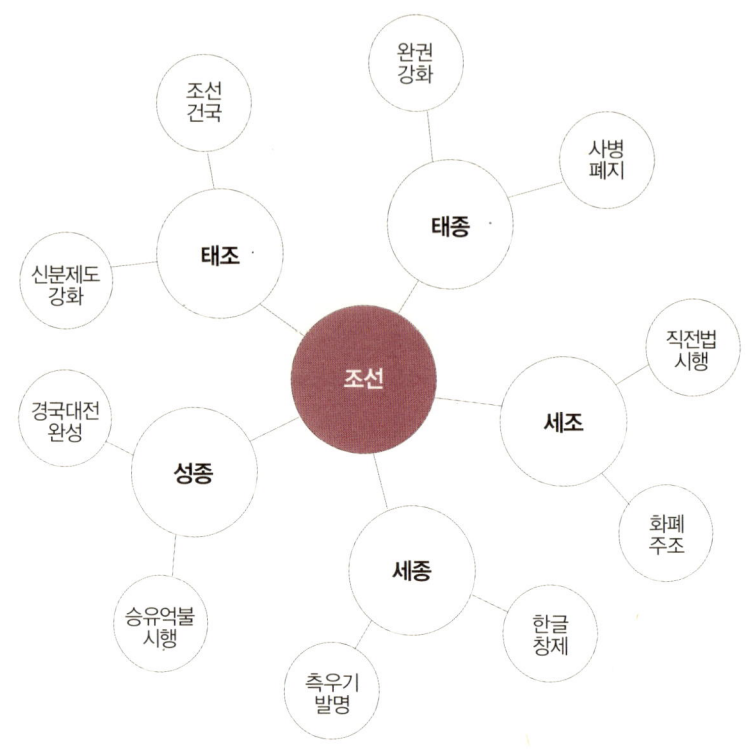

조선의 역대 왕들의 업적 마인드 맵

3. 나뭇잎보다는 줄기를 보는 암기를 해야 한다

  사회과목들은 암기할 내용이 많다고 해서 무작정 암기하려고 할 것이 아니라 흐름과 역사적인 시각으로 암기를 해야 한다. 특히 국사 교과서의 구성은 사건들의 나열이기 때문에 단편적인 지식으로 암기했다가는 암기한 내용이 뒤죽박죽이 되기 쉽고, 기억의 간섭현상으로 기억도 제대로 나지 않는다. 먼저 줄기인 고대, 중세, 근세 또는 국가별로 암기할 내용들을 분류하고 이를 바탕으로 나뭇잎인 세부내용들을 암기해야 장기기억으로 만들 수 있다.

4. 문제를 많이 풀어라

　사회과목은 암기할 것이 많기 때문에 암기를 다했다고 해서 바로 공부를 끝낼 것이 아니라 문제풀이를 반드시 병행해야 한다. 암기한 것을 바탕으로 문제를 풀다 보면 암기한 지식을 점검하는데 도움이 된다. 뿐만 아니라 암기내용을 재구성하여 장기기억으로 만들 수도 있으며, 다양한 문제해결을 통해 응용하는 방법을 익히기 때문에 비슷한 문제가 출제되었을 때도 문제해결이 쉬워진다.

5. 배경지식을 활용하여 암기하라

　사회과목은 개별적인 지식의 나열로 암기하는 것보다 사회적 상황과 배경을 바탕으로 원인과 결과를 연계하여 암기하는 것이 좋다. 사회는 단어나 개념 위주로 암기하려면 단편적인 지식으로 암기해야 하기 때문에 재미가 없다. 자신이 가지고 있는 배경지식과 당시의 사회적 상황을 연계해서 암기하면 좋다.

예 | 태조 이성계의 업적에 대해 암기를 해야 한다면 태조는 고려를 멸망시키고 조선을 세웠기 때문에 나라를 정비하는 일이 가장 필요하다는 배경지식을 바탕으로 숭유억불정책(고려를 혼란하게 만든 불교를 배척하고 새로운 유교를 장려함), 농본정책(농민들의 마음을 사고 고려 말의 무신정권의 피해를 줄이기 위해 농업을 적극 장려함), 사대 교린정책(명나라와 친하게 지내려고 노력함) 등으로 연계한다면 기억하기도 쉽고 재미도 생긴다.

chapter 05

고득점으로 뻗은 '뿌리'는 철저한 시험준비

시험공부 계획표를 새롭게 만들어라
고득점 위한 시험공부 이렇게 하라
토니 부잔의 '공부주기'를 컨닝하라
벼락치기 공부에도 '노하우'가 있다
시험 전날 '반짝준비'가 성적을 좌우한다
100% 효과 있는 시험 당일 힌트 11가지
'피드백'을 거쳐야 성적 오른다
내신의 '핵' 수행평가
시험공부노트가 시험의 노른자다
방학을 시험 잘 보기 위한 황금의 기회로 활용해라

 ## 시험공부 계획표를 새롭게 만들어라

 공부에도 계획이 필요하듯이 시험공부에도 시험공부 계획을 세우는 것이 시간을 효율적으로 사용하는데 도움이 된다. 실제로 상위 1% 안에 드는 학생 전체가 시험공부 계획표를 작성하는 것으로 나타났다. 공부를 못하는 학생들도 시험공부 계획표를 작성하기는 한다. 하지만 시험에 도움이 될 수 있도록 체계적이지 않다는 데 문제가 있다.

 시험공부 계획표에는 우선 시험에 대한 정보와 일자별로 시험공부 계획을 적는다. 시험에 대한 정보에 대한 정보는 과목별로 전 점수를 적게 하고 그에 따른 목표점수를 적게 하여 얼마만큼 공부를 해야 하는지 목표를 정하게 한다. 그 다음에는 시험범위를 적어 공부의 양을 얼마나 해야 하는지를 참고하게 한다. 여기에 학교에서 수업 중에 선생님이 시험을 보기 위해 참고하라고 하는 참고서적이 교과서, 노트, 유인물, 참고서인지를 적게 하여 무엇을 가지고 공부할 것인지를 정하게 한다. 마지막으로 수업 중에 선생님이 특별히 강조한 것이 무엇인가를 적게 한다.

 시험공부기간은 시험일을 기준으로 해서 계획을 세우게 한다. 시험공부 기간은 중간고사는 15일 전부터 준비하는 것이 적당하고, 기말고사는 20일 전부터 준비하면 여유 있게 공부할 수 있다. 상위 1% 안에 드는 학생들의 실제 시험공부 계획표를 작성한 예는 다음과 같다.

구분	방법					
	과목	전점수	목표점수	시험범위	참고서적	특징
시험 범위	국어	90	95	40~70p	노트, 교재	중간고사에서 일부출제
	영어	90	95	45~65p	노트, 참고서	
	수학	85	95	30~70p	노트	일차방정식위주
	과학	85	90	40~75p	문제집	
	사회	90	95	43~73p	참고서	
	기술	85	95	36~64p	교재, 노트	
공부 계획	D-20	국어		D-10		
	D-19	영어		D-9		
	D-18	수학		D-8		
	D-17	과학		D-7		
	D-16	과학		D-6		
	D-15	기술		D-5		
	D-14	•		D-4	문제집 풀기	
	D-13	•		D-3	문제집 풀기	
	D-12	•		D-2	총정리	
	D-11	•		D-1	총정리	
기타						

시험공부 계획표 작성 예

시험공부 계획표는 부록에 제공하였으므로 실제로 작성하는 연습을 시키면 도움이 된다. 시험을 보기 전에 시험공부 계획표를 작성하여 복사한 후 하나는 책상 앞에 붙이고, 하나는 가지고 다니면서 공부하도록 하면 효과적이다.

고득점 위한 시험공부 이렇게 하라

아이가 스스로 시험공부 계획표를 세워서 계획대로 공부를 해나간다면 별로 문제가 되지 않는다. 그러나 아이가 계획을 세우지 못하거나 무계획적으로 시험공부를 한다면 고득점을 얻기가 어렵다. 따라서 아이가 계획을 세우지 못하거나 무계획적으로 시험공부를 한다면 부모는 다음과 같이 지도하는 것이 좋다.

시험공부 계획표 실천을 위한 지도 전략 예

날짜	공부계획
D-20	본격적인 시험공부를 하기 시작하도록 지도한다. 평소에 해 둔 메모와 필기를 중심으로 교과서와 선생님이 주신 학습지부터 읽도록 지도한다.
D-15	주요 과목을 한 번씩 더 차근차근히 공부하며 자세한 부분까지 깊게 공부하도록 지도한다. 영어와 수학문제는 평상시에 틈틈이 풀도록 지도한다.
D-10	영어와 수학공부는 끝내도록 하며 종합문제집으로 주요과목의 문제를 풀어보며 문제유형을 파악하도록 지도한다.
D-7	그동안 풀면서 틀린 문제들을 한 번씩 더 풀어보게 하며, 문제의 지문도 읽으며 이해하는 능력을 기르도록 지도한다.

D-6	기타과목을 공부하기 시작하며, 교과서와 학습지를 중심으로 공부하며 주관식을 대비하여 개념들을 정리하도록 지도한다.
D-5	주요과목을 다시 한번 점검하도록 하며, 기타과목 역시 병행하여 공부하도록 지도한다.
D-4	아이에게 가장 취약한 기타과목과 주요과목에 대해 다시 한번 최종 문제집을 풀게 하고 부족한 부분을 골라서 공부하도록 지도한다.
D-3	시험 마지막 날 보는 과목을 공부하며 틀린 문제들은 한 번씩 더 보며 기타과목도 공부하도록 지도한다.
D-2	둘째 날 보는 과목을 공부하도록 지도한다. 선생님께서 수업 중에 강조하신 부분을 떠올리며 부족한 부분을 찾아서 공부한다. 틀린 문제들은 한 번씩 더 보며 기타과목도 공부하도록 지도한다.
D-1	첫날 보는 과목을 공부하도록 지도한다. 마음을 편히 가지며 전체를 보기보다는 요약한 내용들을 읽어보고 틀린 문제들을 다시 풀어보도록 지도한다.
당일	평상시보다 조금 일찍 일어나며 마음을 편히 가지며 일찍 학교에 보낸다. 첫날 시험결과에 신경 쓰지 말도록 하며, 시험이 끝나면 다음 날 시험공부에 몰입하도록 지도한다.

부모님 나름대로 직접 시험공부 계획표 실천을 위한 지도를 하려면 [부록 2]에 첨부된 양식을 사용하면 된다.

토니 부잔의 '공부주기'를 컨닝하라

토니 부잔은 기억을 오랫동안 유지하기 위해서는 1시간 공부한 후 10분간 복습을 하면 일주일 동안 기억이 된다고 했다. 그는 24시간 뒤에 2~4분 동안 복습하면 15일 동안 기억되며, 7일 뒤에 2분 동안 복습하면 한 달 동안 기억이 되고, 30일 뒤에도 2분만 보면 6개월 이상 장기기억이 된다고 했다. 그 이후부터는 몇 달 만에 잠시만 보아도 영구기억이 될 수 있다고 했다.

많은 학생들은 한번 암기하면 그것이 끝이라고 생각하는데 이는 시간이 지나면 다시 망각이 된다는 사실을 모르기 때문이다. 이러한 학생들은 토니 부잔의 공부주기를 이용하는 것이 효과적이다. 공부한 것을 1시간이 지나고 나서 10분만 보면 7일 동안 기억이 유지되고, 하루 지나서 2~4분만 보면 15일 동안 기억이 유지됨으로 중간고사 같은 경우에는 최소한 보름 전에 공부하면 좋은 성적을 얻을 수 있기 때문이다.

결국 토니 부잔에 따르면 장기기억을 갖게 하는데 가장 중요하는 것은 일정한 주기에 따라서 반복적인 복습을 하는 것이다. 학습을 하고도 기억이 나지 않는다거나, 혼동이 온다고 하는 아이들에게는 주기적인 복습을 지도하는 것이 좋다. 반복적인 복습을 하

구분	시간경과	복습량(분)	장기기억
1	1시간	10	7일
2	24시간	2~4	15일
3	7일	2	30일
4	30일	2	6개월
5	몇 달 뒤	조금	장기기억

장기기억을 위한 효과적인 공부주기

지 않고 벼락치기 공부를 하면 그만큼 시간의 경과에 따라 기억이 소멸되었기 때문에 공부하는 시간이 오래 걸린다.

상위 1%에 드는
민정이의 암기와 기억 노하우

    암기는 반복의 결과다. 벼락치기 공부를 하는 학생들이 시험이 끝나면 암기했던 것들을 금방 잃어버리는 이유는 지속적인 반복을 하지 않았기 때문이다. 중학교에서부터 배우는 내용은 중학교에서만 끝나는 것이 아니라 고등학교에서도 기본지식이 된다. 따라서 한번 암기한 것은 오래 기억되어야 한다. 공부시간은 많은데 성적이 잘 나오지 않는 것은 암기하는데 사용한 시간만 많지, 정작 암기한 것을 기억하는 훈련이 되어 있지 않은 경우가 많다. 암기만이 중요한 게 아니다. 기억해내는 능력도 점검을 해봐야 한다.

    민정이는 서울에 있는 중학교에서 상위 1%에 드는 학생이다. 민정이가 암기하고 기억하는 방법에 대한 노하우는 다음과 같다.

> 저는 시험공부를 할 때 암기한 것보다는 기억하는 것에 초점을 맞춰요. 대부분 친구들은 암기만 하려고 하지, 기억하는 것은 귀찮아해요. 암기는 누구나 할 수 있지만 암기한 것을 기억하는 것은 특별한 요령이 필요해요. 저는 토니 부잔이라는 사람이 만든 공부주기를 가지고 적용을 해보았어요. 그랬더니 암기하는 시간도 줄지만 기억하는데도 매우 효과적이었어요.

    민정 학생이 말한 것처럼 한번 암기한 것을 오랫동안 기억하기 위해서는 토니 부잔의 공부주기를 활용하는 것이 효과적이다. 토니 부잔은 전 세계 교육계와 비즈니스계를 매료시켰다. 그가 지닌 마인드맵은 자신의 두뇌와 기능을 파악해 효과적으로 사용하는 방법이었다.

벼락치기 공부에도 '노하우'가 있다

평상시에는 공부를 하지 않다가 시험 볼 때쯤 많은 공부를 하는 방법을 벼락치기 공부라 한다. 벼락치기 공부는 공부습관이 형성되지 않은 아이들에게 나타나는 현상이다. 평소에는 공부를 하지 않다가 시험 때만 되면 공부하는 학생들이 주로 사용하는 공부방법이기도 하다.

벼락치기 공부는 공부를 하지 않던 학생들에게 짧은 시간 효과를 볼 수 있게는 해줄 수 있지만 장기기억으로 저장되지 못하게 된다는 것이 문제다. 뿐만 아니라 시험 전날도 벼락치기 공부로 밤을 새다시피 하기 때문에 정작 학교에서 시험 보는 도중에 졸거나 머리가 맑지 못해서 오히려 암기한 것이 기억나지 않기도 한다. 따라서 벼락치기 공부는 꼭 필요한 때를 제외하고는 하지 않는 것이 좋다.

벼락치기를 하려면 문제부터 풀어라

벼락치기는 시험이 닥쳐야 공부를 하는 것을 말하기 때문에 완벽한 공부를 하기에 불가능하다. 따라서 모든 시험범위의 내용들을 공부하는 것보다 효과적인 것이 공부하기 전에 문제를 푸는 것이다. 공부를 전혀 하지 않은 상태에서 문제를 풀면서 문제에 나온 문항과 지문을 교과서에 체크하면서 체크한 부분들을 집중적으로 공부하면 짧은 시간에 중요한 것만 골라서 공부할 수 있게 된다. 뿐만 아니라 문제부터 풀게 되면 자신의 수준이나 상황을 이해할 수 있기 때문에 공부를 어떻게 해야겠다는 계획을 세울 수 있게 된다. 따라서 무조건 처음부터 공부하는 시험공부방법보다 이 방법을 사용하게 되면 공부시간을 엄청 줄일 수 있다.

과목순서를 정해서 공부하라

벼락치기를 위해서 중요한 것은 과목별로 공부순서를 정하는 게 중요하다. 일부의 학생들은 어려운 과목은 아예 포기하고 높은 성적을 얻을 수 있는 과목만 하게 되는 경우가 있다. 하지만 과목을 포기하기 보다는 모든 과목을 공부하겠다는 목표 아래 가장 최근에 보는 과목부터 순서대로 공부하는 것이 좋다. 제일 마지막으로 시험 보는 과목을 미리 공부해두면 시간이 지날수록 망각되므로 가장 먼저 시험 보는 과목을 먼저 공부해야 시험을 볼 때 효과를 볼 수 있다.

중요한 부분을 파악하라

벼락치기를 하는 아이들은 평상시에 복습을 하지 않거나 수업을 전혀 듣지 않다가 시험을 볼 때 하게 된다. 이러한 아이들은 수업을 열심히 듣지 않았고, 복습을 하지 않았기 때문에 시험범위의 학습내용이 배운 것임에도 불구하고 생소하게 보이기가 쉽다. 이러한 경우 시험공부를 하게 되면 모든 것을 공부해야 하기 때문에 투자한 시간 대비 효과가 떨어지기 쉽다. 벼락치기 공부라 해도 공부해야 할 과목이나 시험범위에서 무엇이 중요한지를 파악하고 중요한 것만 골라서 해야 한다는 그 말이다.

일반적으로 시험공부를 할 때는 먼저 시험범위를 공부한 다음에 자신이 알고 있는 것을 바탕으로 문제지를 푸는 방식으로 한다. 그러나 짧은 시간을 이용해서 벼락치기 공부를 할 때는 시험범위를 모두 완벽하게 공부하기에는 시간이 부족하기 때문에 중요한 것만 골라서 해야 한다.

문제를 많이 풀어라

시험범위 내에서 중요한 것을 고르는 방법은 과목별로 시험공부를 하기 전에 선생님이 예전에 출제했던 기출문제를 구해서 풀거나, 기출문제를 구하지 못하면 문제지를 풀어보는 것이 중요하다. 기출문제나 문제지의 문제는 나름대로 시험에 출제될 확률이 높기도 하지만 중요한 부분에서 나오기 때문에 변형돼 출제될 확률이 높다.

시험범위를 충분히 공부하지 못한 경우에는 우선 문제를 많이 풀어서 문제에 대한 적응도를 높이고, 변형된 문제에 대한 적응력을 기르는 것이 좋다. 공부를 하고 나서는 새로운 문제지를 구해서 다시 풀어보면서 최종적으로 부족한 부분들을 메워 나가면 짧은 시간에 공부했더라도 좋은 결과를 얻을 수 있게 된다. 시험을 보기 전에는 기출문제나 문제지에서 틀린 문제들만 집중적으로 보고 교과서에 체크해 놓은 부분들을 다시 한번 공부하는 것이 좋다.

'찍기도사' 성철이의
벼락치기 공부비결

어쩔 수 없이 벼락치기 공부를 해야 할 때가 있다. 예를 들어 피치 못하게 평상시에 공부를 못하다가 시험 때가 되어 공부를 해야 하는 경우나 갑자기 모의고사를 보아야 할 때가 있다. 벼락치기 공부도 효과를 보려면 무작정 밤을 새는 것이 중요한 게 아니라 벼락치기 공부방법을 알고 하는 것이 좋다.

성철이는 자칭 '찍기도사'라고 하는 학생이다. 이 학생은 평상시에는 공부를 하지 않지만 시험기간 때만 반짝 공부해서 중상위 안에 드는 학생이다. 상철이의 벼락치기 공부비법을 들어보자.

저는 초등학교 때부터 벼락치기 공부만 했어요. 시험보기 전 일주일 정도 되어야 공부를 시작해요. 평상시에 예습과 복습습관이 안 되어 있고, 학원을 다니다 보니 그럴 시간도 없어요. 그러나 저는 나름대로 벼락치기 공부를 해서 초등학교 때부터 효과를 많이 보았어요.

제가 하는 벼락치기 공부방법은 평상시에는 공부를 하지 않기 때문에 시험공부를 하려고 하면 아는 게 하나도 없어서 처음 공부하는 것과 같을 때가 많아요. 그러면 저는 우선 기출문제나 문제집을 풀어요. 그러다 보면 이 과목에서 무엇이 중요한지를 알게 되고 저의 수준이 어느 정도 되는지를 알게 되요. 이것을 바탕으로 시험공부 계획을 세우고, 문제지에 나와 있는 지문이나 문제를 교과서에서 찾아서 그것만 공부할 때가 많아요. 그래도 성적은 아직까지는 잘 나오는 편이에요. 그러나 고학년으로 갈수록 공부의 양이 많아지다 보니 벼락치기도 쉬운 것이 아니네요.

시험 전날 '반짝준비'가 성적을 좌우한다

시험 전날에는 시험을 앞두고 마지막 시험공부를 점검하거나 정리하는 시간으로 활용해야 한다. 시험에 대한 부담이 큰 학생들은 시험을 보기 전에 초조함 때문에 오히려 시험공부가 잘 안 되는 경우가 있고, 부족한 시험공부를 하려고 밤을 새는 경우도 있다. 그러나 시험 전날 관리를 잘못하게 되면 오히려 시험 당일 최상의 컨디션을 유지하기가 어려워질 뿐만 아니라 좋지 않은 영향을 미칠 수도 있다. 시험 당일 최상의 컨디션을 유지하기 위한 시험 전날 관리전략은 다음과 같다.

가벼운 운동으로 시작하라

암기는 뇌의 상태와 매우 중요한 관련을 갖는다. 뇌가 맑은 상태면 주의력이 높아져 공부에 집중할 수 있지만 머리가 탁하면 주의력도 생기기 어려우며 공부에 집중하기가 쉽지 않다. 머리를 맑게 하고 활기차게 하기 위해서는 공부하기 전에 간단하게 빨리 걷기나 맨손체조와 같은 유산소 운동을 하는 것이 좋다. 유산소 운동을 하게 되면 혈액순환이 좋아지고 뇌에 산소공급이 원활해져 뇌의 활동이 활발해진다. 그러나 심한 운동을 하게 되면 숨이 차고 심장이 빨리 뛰어 오히려 공부에 방해가 된다.

기출 시험지나 오답노트를 다시 풀어라

시험을 보기 전에 기출 시험지를 구해서 다시 한번 풀어 보거나 지금까지 정리한 오답노트를 풀어 보는 것이 좋다. 시험범위가 같은 경우 때로는 문제가 똑같은 것이 출제되기도 하고, 살짝 바뀌어서 출제되는 경우도 있기 때문이다. 이는 기출문제나 오답노트를 통해서 무엇이 중요한지, 암기해야 하는지를 다시 한번 점검하는데 도움이 된다.

연습문제를 풀어보며 최종 점검하라

모든 공부를 마친 후 최종 점검을 하기 위해 연습문제를 풀어본다. 기출문제는 지금까지 공부한 내용에 대한 테스트이기도 하지만 부족한 부분을 보충할 수 있는 계기를 만든다. 자연스럽게 어떤 단원이 중요하고 어떤 내용이 자주 출제되는지, 문제 유형은 어떤지를 알 수 있게 된다.

시험 전날은 일찍 자라

시험 전날 밤을 새우게 되면 오히려 뇌의 활동이 피로해서 평상시보다 기억력이 떨어지기 쉽다. 시험 전날은 꼭 일찍 취침에 들고 충분한 수면을 취하는 것이 오히려 기억을 떠올리는데 도움이 된다.

미리 필요한 시험 물품을 준비하라

시험 당일이 되면 긴장하게 되어 의외로 시험 볼 때 필요한 필기도구를 빼놓고 가서 당황하는 경우가 있다. 시험 전날에는 시험에 필요한 필기도구나 음료수 등을 사전에 잘 준비하면 다음날 긴장하지 않아도 된다.

100% 효과 있는 시험 당일 힌트 11가지

시험공부를 아무리 열심히 했어도 시험 당일 충분한 실력발휘를 할 수 있어야 한다. 시험 당일 충분한 실력발휘를 위해서는 다음과 같이 지도하는 것이 좋다.

1. 시험시간보다 일찍 도착하라

지나치게 불안하게 되면 알던 것도 잘 생각이 나지 않는다. 이런 경우를 시험불안이라고 부른다. 더구나 시험 당일 늦기라도 하면 더욱 불안해져 시험을 못 볼 수도 있기 때문에 시험 당일은 조금 일찍 도착하도록 해야 한다.

2. 불안과 긴장을 풀어라

시험장에서 불안한 마음이 생기면 시험에 대한 생각을 접어두고 심호흡을 하면서 천천히 마음을 가라앉히는 것이 좋다. 적당한 긴장은 자신의 능력을 최대한 발휘하는데 도움이 되지만 너무 긴장하는 것은 오히려 능력을 제대로 발휘하지 못하게 한다. 혹시, 시험불안이 있다면 간단한 스트레칭이라도 미리 익혀두는 것이 도움이 된다.

3. 시험지를 전체적으로 훑어보라

시험지를 받고 이름을 쓴 다음 급히 첫 문제부터 풀지 말고 전체 문제지를 한번 눈으로 대강 훑어보자. 문제가 어느 정도 어려운지,

이 문제들을 푸는데 어느 정도의 시간이 걸릴지를 대충 생각한 후 문제를 풀기 시작하라. 3분 정도 문제 전체의 내용을 쭉 훑어보는 것이 좋다.

4. 쉬운 문제부터 풀고 나중에 어려운 문제를 풀어라

쉬운 문제부터 풀고, 잘 생각이 나지 않는 문제는 따로 표시하고 넘어갔다가 나중에 다시 풀자. 확실히 풀 수 있는 문제에는 '●', 조금 생각할 필요가 있는 문제에는 '△', 못 풀 문제에는 '?'를 해두자. 그런 후 '●'한 문제부터 풀어가는 것이다. 그 다음 당연히 '△' 와 '?' 순이다. 이 방법을 사용하면 어려운 문제에 매달리다가 시간이 부족해서 아는 문제까지 못 푸는 슬픈 일은 미연에 방지할 수 있게 된다.

5. 문항 전체를 꼼꼼히 읽어라

성질이 급한 학생들은 문항의 앞부분만을 보고 바로 답을 체크하는 경우가 있다. 특히, 객관식문제를 풀 때는 틀린 것을 고르는 것인지 올바른 것을 고르는 것인지 주의해야 한다. 답을 무작정 쓰지 말고 문제를 꼼꼼하게 잘 읽고 이해한 다음에 쓴다.

6. 답을 답안지에 이기할 때는 주의 깊게 하라

답을 답안지에 이기할 때는 객관식 문제의 경우 답이 밀려 쓰지 않도록 주의해야 하며, 다 이기하고 나서는 답안지와 답을 다시 한번 맞추어봐야 한다. 만약 답안지를 밀려 쓰거나 잘못 이기를 한 경우에는 감독교사에게 답안지를 바꾸어달라고 한다.

7. 문제를 다 풀었으면 전체적으로 다시 한번 검토하라

문제풀이가 끝나면 시험을 끝내고 나오지 말고 남은 시간동안 전체적으로 검토하여 답을 잘못 표기한 것이나 빠진 것은 없는지 다시 한번 확인한다.

8. 알쏭달쏭한 경우에는 답을 고치지 마라

문제가 알쏭달쏭한 경우에는 한번 답을 고른 다음에 나중에 다시 보면 다른 것이 답인 것 같아 고쳤다가 지웠다가 고민하는 경우가 종종 있다. 이때 처음에 쓴 답이 정답일 가능성이 더 높다. 그러므로 한 번 쓴 답은 분명히 이거야 하는 확신이 없다면 고치지 않는 것이 좋다.

9. 문제가 요구하는 것을 정확히 이해하고 답을 적어라

- ~을 비교하라 : 두 가지나 그 이상의 사실에 대해서 따로따로 정의를 내린 다음 공통점과 차이점을 정리해야 한다.
- ~을 증명하라 : 제시된 공식이나 개념을 자세한 내용에서부터 전체적인 것으로 적어 나가야 한다.
- ~을 기술하라 : 관련된 사실을 하나씩 써 나가야 하는데, 적절한 예를 들어준다.
- ~을 나열하라 : 문제가 요구하는 답을 차례대로 적어 나가야 한다.

10. 주관식은 정성스럽게 적어라

주관식은 아는 것만큼은 최선을 다해서 적는다. 글씨는 채점하는 선생님이 알아볼 수 있도록 정자로 써야 한다. 실제로 선생님들이 주관식을 채점하다 보면 글씨를 잘못 읽어 오답으로 채점하는 경우가 있기 때문이다. 또한 답을 모른다고 해서 빈칸을 남겨 두지 말고 정답이 아니더라도 유사한 답은 정성을 다해 적는다.

11. 시험이 끝난 직후 다음 시험만 생각하라

사람은 처음 출발을 잘못하게 되면 다음까지 영향을 받게 되는 경우가 많다. 마찬가지로 첫 시험에서 원하는 성적이 나오지 않는다고 해서 낙담하고 실망함으로 인해 다음 시험까지 망치는 경우가 자주 있다. 이미 지나간 일 때문에 고민한다고 달라질 것은 하나도 없을뿐더러 오히려 다음에 나쁜 영향을 준다. 마음을 비우고 다음 시험을 준비하라. 새로운 마음으로 '다음 시간에 더 잘 봐야지'하는 생각을 가지고 시험에 임하면 한결 마음이 편해질 것이다. 잊을 것은 빨리 잊는 것만큼 현명한 사람은 없다.

 **'피드백'을 거쳐야 성적 오른다**

시험은 어쩌다 한번 치르는 행사가 아니다. 학기별 중간·기말고사, 각종 평가시험, 모의고사 등 한 학기에도 성격이 다른 시험이 수차례 진행된다. 시험은 철저히 준비하는 과정에서 실력이 쌓인다. 시

험결과는 자신의 미래를 결정짓는 중요한 척도로 작용한다.

시험은 현재진행형이다. 시험성적이 높게 나왔다고 해서 만족해서는 안 된다. 반대로 성적이 큰 폭으로 떨어졌다 해도 낙심하거나 좌절해서는 안 된다. 시험결과를 분석해 잘못된 점을 찾고 꾸준히 개선하며 실력을 키워 나가야 한다.

시험에서 지속적으로 좋은 성과를 얻기 위해서는 체계적으로 계획을 세우고 지키는 것만으로는 부족하다. 철저한 자기반성과정, 즉 '피드백feedback'을 거쳐야 한다. 피드백은 자기의 강점과 약점을 파악하고, 이를 효과적으로 개선하는 방법을 알려주기 때문이다. 시험이 끝난 뒤 실망감으로 공부할 의욕을 잃은 학생이라면 자신을 발전시키는 질문을 스스로에게 던지자.

지난 시험에서 성적이 낮은 과목의 요인은?

'이번 시험에서 사회점수가 크게 떨어진 이유는 무엇인가' '1학기 기말고사와 비교해 시험이 전체적으로 어려웠는가?' 등의 질문에 답하며 시험 전반에 대한 자기의 소감을 글로 적는다. 이렇게 하면 시험을 치르면서 잘못했던 점, 개선할 점을 찾을 수 있다. 단순히 시험에 대한 느낌을 머릿속에 떠올리지 말고 지난번 시험과 비교해 어떤 부분에서 성공했는지 또는 실패했는지 구체적으로 적는다.

시험계획은 적절했는가?

이번 시험에 대비해서 공부를 할 때 시험계획을 잘 세웠는지, 학습량은 적절했는지, 계획한 대로 실천했는지 스스로에게 묻는다. 이 물음의 답은 다음 시험 대비를 위한 학습계획을 세우는 데 좋은 정보가 된다.

시험계획은 잘 실천했는가?

시험을 준비하는 기간뿐 아니라 시험을 치르는 기간에 어떻게 생활했는지 뒤돌아본다. 휴대전화, TV, 컴퓨터 등 공부를 방해하는 '유혹거리'를 어떻게 물리쳤는지 집중 점검한다. 지난 시험에서 TV 드라마 때문에 시간을 낭비했다면 이번 시험기간에 똑같은 잘못을 반복하지 않도록 이에 대한 대비책을 세운다. 미리 준비를 해두면 다음 시험을 준비할 때 유혹을 물리치는 것이 어렵지 않다.

취약과목, 어떻게 정복할 것인가?

이전 시험에서 최악의 점수를 받았던 과목을 확인한다. 시험 당시 취약과목의 난이도는 어땠는지, 어떤 문제에서 헤맸는지를 꼼꼼히 살핀다. '취약과목 오답노트'를 만들어 틀린 문제를 중심으로 그 원인을 분석하고, '해당 관련 문제를 10문제 이상 푼다'는 식으로 구체적인 대안을 찾는다.

다음 시험을 위한 목표와 새로운 학습계획은?

이전 시험에 대한 반성을 토대로 다음 시험의 목표를 설정한다. 어떤 부분을 가장 시급히 고쳐야 하는지, 더 나은 목표를 위해 내가 할 수 있는 일은 무엇인지를 학습계획표에 구체적으로 적는다. 다음 시험에서 가장 성적을 올리고 싶은 세 과목을 정해 전략과목으로 삼고, 이를 위한 계획을 별도로 세운다. 목표와 계획이 확실하면 수업시간 집중도도 높아진다.

분석요인	결과
성적이 낮은 과목의 요인은?	수학은 시험이 어려웠다. 영어는 문법이 많이 나왔다.
시험계획은 적절했는가?	시험계획은 나름대로 적절했다.
시험계획은 잘 실천했는가?	처음에는 잘 실천했는데 막판에 가서 잠을 많이 잤다.
취약과목, 어떻게 정복할 것인가?	수학은 공식을 더 외워야겠다. 영어는 문법을 조금 더 보충해야겠다.
다음 시험을 위한 목표와 새로운 학습계획은?	시험계획대로 공부하고 취약 과목들을 좀 더 공부해야겠다.

시험결과 분석

 ## 내신의 '핵' 수행평가

우리나라에서는 학생의 전인적 발달을 평가하려는 목적으로 1999년부터 초등학교와 중학교, 고등학교에 수행평가 제도를 도입하였다. 수행평가를 실시하는 목적은 학습결과나 성취 중심의 평가에서 벗어나 학습과정 평가를 지향하며, 창의력과 문제해결능력을 길러주는 데 있다.

이전까지 객관식 평가에서 벗어나 평가의 다양함을 가져옴은 물론, 학생의 자기주도적 학습능력을 높이려는 목적을 가지고 있다.

구분 과목	지필평가 1학기		수행 평가	지필평가 2학기		수행 평가
	중간	기말		중간	기말	
도덕 1,2	35	35	30	35	35	30
도덕 3		70	30		70	30
국어	40	40	20	40	40	20
수학	40	40	20	40	40	20
사회	40	40	20	40	40	20
과학	40	40	20	40	40	20
체육		30	70		30	70
음악		40	60		40	60
미술		50	50		50	50
기술·가정	35	35	30	35	30	35
영어	40	40	20	40	40	20
한문	35	35	30	35	35	30
컴퓨터		50	50		50	50

중학교 1, 2, 3학년 수행평가 교과별 성적 반영 비율

수행평가는 개인차를 고려한 학생의 능동적인 참여를 이끌어 낼 수 있는 평가방식이라 하겠다.

수행평가는 요즘 원래의 목적과는 달리 단순하게 과제를 제출하는 것으로 인식하고 있다. 하지만 수행평가 자체가 내신성적에 중요한 영향을 미치고 있다. 실제로 내신시험 점수는 상위인데도 수

행평가 결과가 좋지 않아 성적이 좋지 않게 나오는 경우도 많다. 따라서 수행평가를 가볍게 보지 말고 좋은 성적을 얻기 위해서는 수행평가도 잘해야 한다.

수행평가 성적 반영 비율을 보면 교과별 차이가 있지만 통상적으로 20~30% 정도를 차지할 정도로 비중이 크다. 시험을 아무리 잘 보았더라도 수행평가를 잘못하게 되면 상대적으로 시험의 효과는 줄어든다. 수행평가를 효율적으로 하는 방법은 다음과 같다.

수행평가의 기본은 글쓰기를 바탕으로 해서 글로써 자신의 생각을 표현하고 오랜 준비과정을 거쳐 보고서를 작성하는 것까지 포함된다. 이러한 글쓰기 기술의 종합적 적용능력이 바로 수행평가 작성으로 드러난다고 할 수 있다.

● 수행평가 방법을 주목하라

수행평가 방법에는 실기시험, 관찰법, 실험실습법, 토론법, 논술법, 리포트, 구술시험 등으로 다양하게 진행된다.

실기시험
음악·체육·미술 같은 과목에서 주로 활용하며, 학생들의 지식, 기능, 태도를 직접 행동으로 나타난 것을 평가한다.

관찰법

관찰은 과학이나 사회과목에서 주로 활용하며, 학생들의 지식이나 기능을 평가하기 위한 가장 보편적인 방법으로 개별적 또는 집단 단위로 관찰한 것을 평가한다.

실험실습법

과학 교과분야에서 주로 활용하며, 과제에 대하여 학생들이 직접 참여하여 실험이나 실습을 하게 한 후 그 결과를 보고서로 제출하게 하여 평가한다.

토론법

모든 과목에서 활용하며 주로 교수학습 활동과 평가활동이 통합적으로 수행하는 대표적인 평가방법이다.

논술법

국어나 사회과목에서 주로 활용하며, 주어진 주제에 대하여 서론, 본론, 결론으로 정리해서 서술한 것을 평가한다.

리포트

모든 과목에서 활용되고 있으며, 주어진 주제에 대하여 자료를 찾아 제공하거나 논술식으로 작성한 것을 평가한다.

구술시험

모든 과목에서 활용되고 있으며, 교사가 제시하는 문제에 대해서 발표를 하거나 필기시험으로 평가한다.

● 수행평가의 목적을 알아야 한다

폭넓은 독서

교재내용이나 교사 한 사람의 견해에 얽매이지 않도록 하기 위해서 폭넓은 독서를 유도한다.

수업내용의 보충

수업에서 충분히 다루지 못한 문제, 다루기 어려운 문제 등에 대해 학생이 스스로 조사하고 다루어 볼 수 있도록 기회를 부여한다.

비판력 배양

특정 주제와 관련 있는 여러 자료를 수집, 분석, 평가하는 과정에서 비판적 사고력을 기른다.

체계적 자료정리 훈련

학생의 지식과 수집한 자료를 체계적 정리 및 반증을 갖추어 명확하고 논리적, 효율적인 방법으로 표현할 수 있는 훈련을 시킨다.

학생반응 확인 및 학생평가

수업에 대한 학생의 학습과정을 모니터하고 학생의 학업성취 정도를 확인한다.

● 만점 받는 보고서 작성 노하우

가. 주제 정하기

교사가 주제를 정해주는 경우

교사가 주제를 정해주는 경우 교사가 요구하는 주제내용을 잘 파악해야 한다. 과제를 해결하 기 위해서는 다음 사항을 충분히 고려해야 한다.

- 과제 작성의 목적은 무엇인가?
- 어떤 부분을 정확히 보아야 하는가?
- 교사가 요구하는 것이 무엇일까? 과제의 분량은 얼마나 해야 하는가?
- 나는 과제를 충분히 수행할 수 있는가?
- 과제를 해결하기 위해서 필요한 것은 무엇인가?

주제를 학생 본인이 직접 결정해야 할 경우

학생 본인 스스로 주제를 정하라고 하면 익숙하지 않은 학생들은 당황하기 쉽다. 좋은 평가를 받기 위해서는 주제 선정을 잘해야 한다. 좋은 평가를 받을 수 있는 주제로는 다음과 같다.

- 해당과목과 관련 있는 내용 중에서 본인이 흥미를 가지고 있는 주제는 무엇인가?
- 자신의 능력으로 해결할 수 있는 주제인가?
- 남들은 하지 않는 독창적이고 참신한 주제인가?
- 주제는 폭이 넓고 깊이가 있는가?

나. 자료수집하기

수행평가를 작성하는데 가장 중요한 것은 필요한 자료를 어떻게 구하느냐가 문제가 된다. 자료수집은 수행평가의 유형에 따라 다르다.

- 실험이나 관찰 : 직접적인 현장조사, 관찰, 측정, 실험
- 사진이나 텍스트 수집 : 참고서, 문헌, 백과사전 인터넷 검색

다. 검토하기

자료를 수집한 것을 정보로 만드는 과정을 말한다. 정보로 만드는 것은 지금까지 수집한 자료를 가치 있는 자료로 만드는 것이다. 수행평가를 효과적으로 작성하기 위한 자료를 검토할 때에는 다음 사항을 고려한다.

- 수행평가를 해결하기 위해서 꼭 필요한 것은 무엇인가?

- 남들은 하지 않는 독창적이고 참신한 정보는 무엇인가?
- 폭이 넓고 깊은 정보는 무엇인가?

라. 수행평가 개요 구상하기

표지 : '보고서의 제목' 작성자, 소속(학교명, 학번, 이름), 작성일, 담당교사, 교과목 명

차례 : 주요 주제와 하위 주제가 시작되는 페이지 기록

서론 : 보고서 작성의 목적과 개념 설명

본론 : 보고해야 할 정보

결론 : 보고서 작성을 하고 배운 점, 소감

부록 : 덧붙이고 싶은 자료나 참고사항

마. 작성하기

규칙에 맞게 작성하라

교사가 지정한 글자모양, 글자크기, 줄 간격 등이 있다면 꼭 규칙을 지켜야 한다. 아무리 글이 논리정연하게 작성되어 있어도 제출된 보고서가 규칙을 지키지 않는다면 성의 없어 보일 수 있다. 글자모양, 글자크기, 줄 간격 등을 최대한 지켜서 작성해야 한다.

맞춤법, 문법 등은 정확하게 지켜라

보고서를 작성할 때는 맞춤법과 문법을 지켜야 한다. 맞춤법과 문법을 지키지 않으면 내용은 좋아도 좋은 점수를 얻기 어렵다. 보고서를 작성할 때는 메신저나 문자에서 사용하는 이모티콘을 쓰

지 않는다.

객관적이고 정확하게 작성하라
보고서를 작성할 때는 '~이다' '~한다' 등의 어투를 사용하여 객관적이고 정확한 느낌을 주어야 한다. '~인 것 같다' '~일지도 모른다' 등의 모호한 어투나 자신감 없는 어투는 사용하지 말아야 한다.

글을 인용할 때는 출처를 밝혀라
짧은 문장을 그대로 인용할 때에는 글 속에서 따옴표로 인용하고, 긴 문장을 인용할 때는 본문과 분리하여 별도의 문단으로 제시하는 것이 좋다. 글을 인용할 때는 반드시 어디서 구했는지를 출처를 명확히 밝혀야 한다.

바. 검토하기
글 전체 수준 : 제목의 적절성, 주제의 일관성, 글의 구성 등
문단 수준 : 중심 생각, 문단의 길이 등
문장 수준 : 문장의 뜻이 분명한지의 여부, 어법, 문장의 길이 등
단어 수준 : 적절한 단어 사용, 띄어쓰기, 맞춤법 등
논리성 : 단락이 논리적으로 연결되어 있는가?
통일성 : 모든 단락은 한 가지 주제로 말하고 있는가?
정확성 : 문제와 문장, 용어부호, 문법, 철자법 등은 올바른가?
객관성 : 사실과 증거 등 객관적인 자료를 통해 자신의 주장을 뒷

받침하고 있는가?
구체성 : 자료 및 내용 등이 구체적으로 제시되었는가?
적합성 : 교사가 제시한 작성방법, 분량 등이 적합한가?
명료성 : 정확하고 구체적이며, 명료한 용어를 사용하고 있는가?

간접 인용: 남의 글이나 생각을 그대로 인용하지 않고, 요약하거나 의역 또는 해석하여 자신의 말로 바꿔 인용하는 것이다. 내용은 자신의 글에 자연스레 녹아들어야 하고, 인용부호를 사용하지 않으며, 주석번호를 달고 그 출처를 명시하면 된다.

사. 보고서 완성하기

겉표지

- 리포트 제목과 부제 등은 눈에 확 띄게 큰 글꼴을 사용한다.
- 학교 마크나 간단한 그림을 삽입한다.
- 자신의 이름과 학번은 굵은 글꼴이나 튀는 글꼴을 사용한다.

분량

분량은 과제수행 성실도의 또 다른 증거다. 다른 리포트보다 1~2장 정도는 더 쓰는 것이 좋다.

본문편집

- 문단정렬
- 글꼴과 크기 선택

- 여백 확인
- 머리말에는 리포트의 제목이나 문단의 제목 넣기
- 꼬리말에는 쪽 번호 달기
- 표, 그림, 그래프 사용은 한눈에 전체 내용을 알아보기 쉽도록 배려한다.
- 주석이나 참고문헌을 작성하여 많은 자료를 참고하였다는 증거를 남긴다.

시험공부노트가 시험의 노른자다

시험공부노트는 학교에서 필기하는 노트가 아니라 말 그대로 시험공부를 위한 노트를 말한다. 공부 잘하는 아이들은 노트 필기도 잘하지만 시험공부노트를 만들어 공부에 활용한다. 시험공부노트는 자신이 시험공부를 위해서 암기해야 할 내용을 정리한 노트라 할 수 있다. 예를 들면 시험공부노트에는 자신이 학교에서 필기한 노트의 내용+유인물+교과서의 내용을 다시 정리한 것이라고 할 수 있다. 이러한 모든 것들을 한 곳에 모아 놓은 것이 시험공부노트다.

각 과목의 단원마다 학습목표를 필기하게 한다

학습목표는 바로 그 단원의 가장 중요한 부분이며, 꼭 시험에 나오기 때문에 시험공부노트에 학습목표들을 적으면서 이번 단원에서 꼭 공부해야 할 것들을 정리하면 시험에 출제되는 것들만 공부할 수 있게 된다.

중복된 것들을 필기하게 한다

교과서, 참고서, 문제집, 노트, 유인물을 보면 중복된 것들은 누구나 중요하다고 본 것이기 때문에 시험에 출제될 확률이 높다. 이렇게 공통적으로 중복된 내용들은 시험공부노트에 적어 두는 것이 좋다.

수업 중에 강조한 것들을 필기한다

수업 중에 선생님이 꼭 시험에 출제한다고 하거나 중요하다고 하는 것들을 시험공부노트에 적는다. 시험 전날이나 당일 그 부분을 집중적으로 보면 시험을 잘 치는데 도움이 된다.

필기하면서 중요한 것에 체크한다

필기하면서 중요하다고 생각하는 것에 대해서는 시험공부노트에 빨간색 펜으로 표시를 한다. 시험 전날이나 당일 그 부분을 집중적으로 보면 시험을 잘 치는데 도움이 된다.

문제지에 나왔던 부분을 체크한다

문제지나 기출시험지를 풀다가 나온 문제에 대해서는 시험공부노트에 파란색 펜으로 표시를 한다. 시험 전날이나 당일 그 부분을 집중적으로 보면 시험을 잘 치는데 도움이 된다.

시험 전날이나 당일 다시 한번 보게 한다

시험공부노트는 시험공부의 내용 중에서 핵심적인 부분만 적은 것이므로 평상시에도 시험공부노트를 중심적으로 공부를 하지만, 시험 전날이나 당일 다시 한번 보게 하면 기억을 오래하는데 도움이 된다.

철수의 공부비법은
시험공부노트에 있다

　철수는 서울에 있는 중학교에서 2등급 안에 드는 학생이다. 철수의 시험공부 비결을 보면 시험공부노트를 작성한다는 것이다. 아무리 머리가 우수한 학생이라도 교과서, 참고서, 문제집, 노트, 유인물 등을 모두 참고해서 암기하려면 분산되어 있기 때문에 암기하는데 시간이 걸리거나, 중복된 내용이 많게 된다.

　철수처럼 시험공부노트를 작성하게 되면 시험범위의 내용을 이해하고 파악하는데 도움을 준다. 여기에 시험공부노트를 작성하다 보면 시험범위 내용을 빠짐없이 적기 위해 정신집중을 해야 하고 그러다 보면 암기효과와 복습효과까지 생긴다. 철수가 시험공부노트를 이용한 시험공부 비결을 들어보자.

　저는 시험공부를 할 때 시험공부노트를 작성해요. 시험공부를 할 때 공부해야 할 것이 너무 많아요. 높은 성적을 얻기 위해서는 교과서, 참고서, 문제집, 노트, 유인물 중 어느 하나라도 쉽게 버릴 수가 없어요. 그래서 전부 공부하다 보면 시간이 많이 걸릴 뿐 아니라 중복된 것도 많아요. 그래서 저는 나름대로 이러한 것들을 전부 합쳐서 한권의 노트로 만들었어요. 그것만 공부하면 내가 시험공부 해야 할 내용이 전부 있어서 너무 편하기도 하지만 내가 직접 필기를 하다 보니 자연스럽게 이해도 되고 암기하는 것도 쉬웠어요. 그래서 친구들에게 권했는데 다들 성적이 올랐어요.

 방학을 시험 잘 보기 위한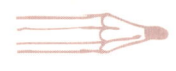
황금의 기회로 활용해라

학생들에게 방학은 매우 중요한 시기다. '방학'은 학교에서 학기나 학년이 끝난 뒤 또는 더위, 추위가 심한 일정 기간 동안 수업을 쉬는 일 또는 그 기간을 말한다. 따라서 방학은 학기 중에 열심히 공부했으니 쉬라고 정해진 날이다. 그러나 이 방학을 쉬는 것으로 보내는 학생도 많지만, 방학을 인생에서 가장 중요한 시간이라고 생각하고 스스로의 약점을 찾아 보완하고, 거의 모든 과목의 성적을 높일 수 있는 기회로 사용하는 학생들도 있다.

학교에 다니는 동안 학생들의 시간 사용은 비슷하다. 학교를 다니는 시간은 똑 같고, 방과 후부터 남는 시간에 학원을 다니느냐, 과외를 하느냐, 집에서 공부하느냐에 따라 성적의 차이가 난다. 그러나 방학은 모든 시간을 학생들이 자유롭게 사용할 수 있기 때문에 어떻게 방학을 보내느냐에 따라서 성적 차이는 더욱 심하게 난다. 요즘 방학은 학교마다 기간이 다르지만 통상적으로 한 달이라고 가정할 때 기초실력을 쌓거나, 공부실력을 단시간에 쌓을 수 있는 귀중한 시간이다. 방학은 한번 지나가면 다음 방학은 오지만 지나간 방학은 다시 돌아오지 않는다. 따라서 방학을 자신의 성적을 올일 수 있는 황금의 기회로 활용해야 한다.

방학을 활용하는 방법은 다음과 같다.

예비 중1인 경우

초등학교에서 지금까지 배웠던 내용을 돌이켜 보고 약한 단원이나 과목을 찾아 공부를 다시 하고 정리면서 중학교 1학년에서 배울 내용을 미리 준비하는 시기이다. 이때는 새로운 지식의 확충보다는 중학교에 입학해서 배우는 과목들을 문제없이 수행할 수 있는 학습능력을 키우는 계기로 삼는 것이 좋다.

중학교 1학년 여름방학

자신의 부족한 과목의 기초를 다지는 공부를 하는 시기로 활용한다. 학기 중에 자신이 과목별로 부족한 과목을 찾아서 기초부터 차근차근 공부해서 기초실력을 다져 새로운 학기에 시작되는 진도에 쉽게 적응하는 방법이다. 실제로 중학교 1학년 때 국·영·수 과목 중에서 부족한 과목이 있다면 방학이 시작되기 전에 방학 동안에 초등학교나 학교에서 배운 내용들을 다시 공부하는 학습계획을 세워 방학이 시작하자마자 계획대로 공부를 해나간다. 방학을 이용해서 기초가 부족한 학생들은 초등학교에서 배운 국·영·수 과목별로 학습계획을 세워 다시 복습을 해야 하는데 내용은 다음과 같다.

일자 과목	1	2	3	4	5	6	7	8	9	10	11	12	13	14	15	16	17
국어	1학년 과정					2학년 과정				3학년 과정				4학년 과정			
영어	3학년 과정					4학년 과정				5학년 과정				6학년 과정			
수학	1학년 과정					2학년 과정				3학년 과정				4학년 과정			

일자 과목	18	19	20	21	22	23	24	25	26	27	28	29	30	31
국어	5학년 과정					6학년 과정								
영어														
수학	5학년 과정					6학년 과정								

중학교 1학년 여름방학 때 기초학습능력이 부족한 경우 학습계획

중학교 1학년 겨울방학

자신의 성적을 올리기 위한 공부를 할 수 있는 시기로 활용하는 것이다. 기초학습능력은 갖추고 있으나 성적이 크게 오르지 않는 경우에는 중학교에 올라와서 배운 과목들을 점검하고 개념을 복습하면서 전반적으로 모든 과목 모든 단원의 부족한 부분을 메워줘야 한다. 또한 성적을 높이기 위해서는 학기 중에 하기 어려웠던 영어의 단어나 수학 공식을 익혀나가면서 다음 학기에서 배워야 할 과목들의 내용들을 미리 공부하는 것이 좋다.

chapter 06

서술·논술형 100점으로 가는 지름길

서술·논술형 '시험'을 머릿속에 가두어라
서술·논술형 '출제의 뿌리'를 찾아라
기출문제에 '열쇠'가 숨겨져 있다
글쓰기 연습 앞에서 두 손 번쩍 치켜든 '논술'
'연습벌레'가 설명문 소화시킨다
'설득' 없는 글쓰기가 글 망친다

서술·논술형 '시험'을 머릿속에 가두어라

교육과학기술부의 교육개혁대책회의에서 '창의·인성 교육 강화 방안'으로 서술·논술형 시험을 단계적으로 확대해 내신 평가방식을 바꾼다는 정책을 밝혔다. 주요 골자는 주관식 문제를 단답형 중심에서 서술·논술형으로 30%까지 확대한다는 것이다. 이에 따라 현재 서울·부산·울산·인천·충남·경기교육청이 자체 지침으로 서술형 평가를 20~30% 이상 실시하고 있다.

모 중학교 1학년 국어 서술형의 문제를 보면 겨울 '환경오염의 심각한 문제'를 다룬 신문의 보도를 지문으로 사용하고 '지구 온난화가 가져온 문제점'이라는 제목으로 서술하라는 문제가 출제되었다. 이 문제는 자료에 대한 정확한 이해와 분석 없이는 정답을 쓰기 어려운 문항이었다. 중·고교생이라 하더라도 자기 생각을 글로 표현하는 데 익숙하지 않은 학생들에게는 간단하지 않은 문제였다. 이로 인해 일선 학교 선생님들은 채점의 어려움을 호소했고, 학부모의 입장에서는 아이들의 혼란을 우려하였다.

서울시교육청의 발표 이후 첫 시행된 지난 시험들에서는 학생들의 성적은 조금 떨어졌지만 학부모들이 우려했던 것에 비해서는 큰 변화가 없었다. 그러나 정작 초등학교에서 객관식과 단답식만 접했던 초등학생이나 중학생들은 어려움이 컸다. 이에 따라 이제부터는 기존의 단답형 주관식 형태에서 벗어나 각 학교마다 서술, 논술형 출제 유형에 변화를 주어야 한다는 점에 주목해야 한다.

서술·논술형 '출제의 뿌리'를 찾아라

서술·논술형 시험의 목적은 단순 암기한 지식을 묻는 것이 아니라 학생들의 사고력과 논리력을 키우는 목적을 가지고 있다. 서술·논술형 시험은 학생들의 사고력과 논리력을 키우기 위해서 각 과목별로 저마다 독특한 출제경향을 가지고 있다. 각 과목별 서술형 출제경향과 그에따른 공략은 다음과 같다.

국어

국어과목은 언어를 중심으로 한 언어적 창의력을 측정하기 위하여 교과서나 신문 본문에서 찾아 쓰기, 이유 설명하기, 구체적인 의미 서술하기, 차이 및 비교 분석하기, 실생활과 관련된 문제 등이 출제되었다. 이런 문제들을 출제하는 의도는 학생들이 얼마나 교과서를 꼼꼼히 학습했는지를 확인하는 것이다. 따라서 국어의 서술·논술형 시험에 대비하려면 교과서나 신문을 정독 후에 내용의 전반적인 흐름을 파악하고, 책의 내용을 분석할 줄 알아야 한다.

수학

수학과목은 스스로 궁리하는 과정을 통해 재발견과 재 발명을 해내는 문제해결능력을 측정하기 위하여 단순히 공식만 암기하면 문제가 해결되는 것이 아니라 풀이과정을 요구하는 유형의 문제들이 출제되었다. 이런 문제들을 출제하는 의도는 학생들이 문제에 대해 단순 암기가 아닌 얼마나 이해했는가를 확인하는 것이다. 따라서 수학은 쉬운 문제라도 풀이과정을 차분하게 정리해보는 것이 중요하며, 문제를 응용할 줄 알아야 한다.

영어

영어과목은 단순 암기보다 응용 및 요약능력을 측정하기 위하여 완벽한 영어 문장으로 답하기를 요구하거나 빈칸에 알맞은 절이나 구를 넣는 문제와 단원별 주요 구문에 대한 간단한 문법문제가 출제되었다. 이런 문제들을 출제하는 의도는 학생들이 영어에 대한 응용능력과 문법능력을 확인하는 것이다. 따라서 영어 서술형 시험에 대비하기 위해서는 문장의 해석보다 간단한 문장이라도 문장 전체를 암기하고 써보는 연습을 해야 한다. 그리고 교과서에 나와 있는 내용과 비슷한 형태의 예문을 만들어 시험문제를 출제해보는 것은 매우 효과적이다.

사회

사회과목은 학생 스스로 정보를 해석·분석·조작하는 고차원적인 사고력을 측정하기 위해 도표나 그림을 통해 핵심내용을 묻거나 신문기사를 통해 교과내용을 응용한 문제들이 출제되었다. 이런 문제를 출제하는 의도는 학생들이 다양한 배경지식을 가지고 있는가와 논리적 사고를 하는가를 확인하는 것이다. 따라서 사회 서술형 시험에 대비하기 위해서는 교과서나 신문을 많이 읽고 전반적인 흐름과 세부내용(중요 사건과 핵심 용어)을 정리할 줄 알아야 한다.

과학

과학과목은 유창하고 융통성 있으며 통합적인 탐구적 사고력을 측정하기 위해 주로 실험을 제시하고 결과를 묻거나 원리와 사실관계를 묻는 유형과 기본개념의 이해 외에도 실험, 도표, 그래프를 해석하거나 파악하는 문제들이 출제되었다. 이런 문제를 출제하는 의도는 학생들이 교과내용을 이해하고 있다는 전제에서다. 과학은 생활 속 과학현상과 연계한 문제가 출제될 가능성도 높아 교과서를 중심으로 기본 개념들을 충분히 학습한 후 사례를 찾아 암기하는 것이 좋다.

기출문제에 '열쇠'가 숨겨져 있다

보통 서술·논술형 시험문제는 학생들이 얼마나 수업에 집중했는지, 꼼꼼하게 공부했는지를 확인하는 문제를 출제한다. 이에 따라 교과서 외 수업시간에 필기와 나눠주는 프린트 등이 문제의 소재로 활용되고 있다. 서술·논술형 시험문제에 대해 친숙해지기 위해서는 먼저 기출문제에서 반복 출제되는 문제부터 확실히 익히는 것이 중요하다.

다음 이야기를 듣고, 문제가 있는 부분을 말해보자.

> 병들어 가는 지구를 살리는 일은 헤아릴 수 없을 정도로 많습니다. 그 중의 하나가 바로 쓰레기 분리수거입니다. 과연 우리들이 버린 쓰레기는 얼마나 오래 갈까요? 병은 1000년, 알루미늄캔 500년, 가죽과 철 캔은 50년, 나일론은 30~40년입니다. 우리가 버리는 쓰레기는 이렇게 오래도록 썩지 않고 환경을 오염시킵니다. 가정에서도 태울 것과 태우지 않을 것을 분명히 해야 합니다. 또, 쓰레기를 함부로 태우지 말아야 공기가 깨끗해집니다. 그리고 나무를 많이 심어 좀 더 쾌적한 환경이 되도록 해야 합니다. 나무가 없는 도시는 죽음의 도시 그 자체입니다. 현재는 학교에서도 쓰레기는 따로 분리하고, 우유곽이나 공책은 재활용합니다. 조금은 나아졌으나, 다시 우리들의 손길이 소홀해진다면 이 아름다운 금수강산은 온통 쓰레기로 뒤덮여 버릴 것입니다. 우리의 소중한 환경을 보살펴 주고, 우리가 살고 있는 지구가 바로 '우리 터전' 임을 잊지 맙시다.

정답 (또, 쓰레기를 함부로 태우지 말아야 공기가 깨끗해집니다. 그리고 나무를 많이 심어 좀 더 쾌적한 환경이 되도록 해야 합니다. 나무가 없는 도시는 죽음의 도시 그 자체입니다.) 쓰레기 분리수거와 직접 관련되지 않아 통일성을 떨어뜨리고 있다. 즉 화자가 이야기하는 중심내용과는 거리가 있는 내용이다. 이와 같이 화자의 말을 정확히 파악하기는 대단히 어렵기 때문에 들을 때 많은 주의가 필요함을 설명한다.

다음은 어느 중학생이 자신의 감정을 노래한 것이다. 잘 읽고 물음에 답해보자.

> "시험을 망쳤어. 오! 집에 가기 싫었어. 열 받아서 오락실에 들어갔어. 어머, 이게 누구야. 저 대머리 아저씨. 내가 제일 사랑하는 우리 아빠 ……. 가끔 아빠도 회사에 가기 싫겠지. 엄마 잔소리 ……. 가슴이 아파. 아빠의 한숨 소리. 내일도 회사에 가기 싫으실까? ……."
>
> _한스 밴드의 '오락실'

1) 어떤 내용에 공감했을까?

2) 내가 공감할 수 없는 부분이 있다면 어떤 부분인가?

3) 문제2)의 이유를 적어보자.

정답

1) 공감할 수 있는 부분 : 시험을 망쳐서 집에 가기 싫을 정도로 실망했던 경험, 엄마의 잔소리를 듣기 싫어했던 경험에서 느꼈던 생각

2) 공감할 수 없는 부분 : 아빠와 오락실에서 만났다는 내용

3) 공감할 수 없는 이유 : 보통의 경우 아빠와 아이들이 같은 오락실에서 만나는 경우가 드물기 때문(이런 경험을 한 아이들이 적을 것으로 생각됨.)

다음 소설을 읽고, 물음에 답해보자.

> 나는 한번 맘을 먹은 다음엔 꼭 그대로 하고야 마는 성미지요. 그래 안마당으로 뛰쳐 들어가면서,
> "엄마, 엄마, 사랑 아저씨도 나처럼 삶은 달걀을 제일 좋아한대."
> 하고 소리 질렀지요.
> "떠들지 마라."
> 하고, 어머니는 눈을 흘기십니다. 그러나 사랑 아저씨가 달걀을 좋아하는 것이 내게는 썩 좋게 되었어요. 그것은 그 다음부터는 어머니가 달걀을 많이 사게 되었으니까요. 달걀장수 노파가 오면 한꺼번에 열 알도 사고 스무 알도 사고, 그래선 두고두고 삶아서 아저씨 상에도 놓고, 또 으레 나도 한 알씩 주고 그래요. 그뿐만 아니라, 아저씨한테 놀러 나가면 가끔 아저씨가 책상 서랍 속에서 달걀을 한두 알 꺼내서 먹으라고 주지요. 그래 그 담부터는 나는 아주 실컷 달걀을 많이 먹었어요.

1) 위 소설의 서술자를 '어머니'로 바꾸어 써보자.('나'의 이름은 박옥희임)

2) 위 소설에서 어머니와 아저씨는 서로 사랑하지만 재혼에 대한 사회의 부정적인 인식 때문에 사랑을 이루지 못한다. 그러한 사회에 대하여 어떻게 생각하는가?

3) 내가 '어머니'나 '사랑 아저씨'라면 어떻게 하였을까?

> 정답

1) 옥희는 한번 맘을 먹은 다음엔 꼭 그대로 하고야 마는 성미였다. 옥희는 안마당으로 뛰어 들어가면서, "엄마, 엄마, 사랑 아저씨도 나처럼 삶은 달걀을 제일 좋아한대." 하고 소리를 질렀다. "떠들지 마라." 나는 옥희에게 눈을 흘겼다. 그러나 사랑손님이 달걀을 좋아하는 것을 알게 된 다음부터는 달걀을 많이씩 사게 되었다. 달걀장수 노파가 오면 한꺼번에 열 알도 사고 스무 알도 사게 되었다. 그리고 삶아서 사랑손님 상에도 놓고, 또 옥희에게도 한 알씩 주었다. 그뿐만 아니라, 옥희가 사랑손님한테 놀러 가면 가끔 사랑손님이 책상서랍 속에서 달걀을 한두 알 꺼내서 먹으라고 준다고 하였다. 그래서 그 담부터 옥희는 사랑손님한테 달걀을 아주 많이 얻어먹었다.

2) 학생들 생각대로 정리 (예:불합리한 사회라고 생각한다.)

3) 학생들 생각대로 정리 (예:결혼하자라고 하겠다.)

남수는 기출문제로 시험을 틀어쥐었다

　기출문제를 소화한 다음에는 핵심개념을 사용하는 문제 순으로 난이도를 높이는 것이 중요하다. 처음부터 무리하게 고난도 문제에 집착하다 보면 의외로 기본적인 문제를 놓칠 수 있기 때문이다. 뿐만 아니라 채점 기준의 서술원칙을 지켜 감점을 최대한 줄이는 것도 효과적인 방법이다. 예를 들면 국어문제에서는 띄어쓰기와 철자법이 정확했는지, 수학문제에서는 괄호·부호·등식의 사용 등 수학기호의 사용이 정확했는지, 영어문제에서는 전치사·관용어·철자 등이 정확했는지를 꼼꼼히 살펴야 한다.
　남수는 노원구에 있는 중학교에서 성적이 전교 5% 안에 드는 우수한 학생이다. 남수가 기출문제로 시험을 틀어쥐는 비결을 살짝 들어보자.

　남수는 "기출문제는 수업을 충실히 듣고 문제를 충분히 풀어보는 게 중요하다."고 말한다. 남수는 "중학교 서술·논술형 문제로 출제되었던 기출문제를 풀어봄에 따라 다양한 문제의 형태를 알게 된다."며 "시험을 출제하는 선생님이 문제를 아무리 응용해도 기출문제를 자꾸 풀다 보면 시험을 쉽게 볼 수 있는 능력이 생긴다."고 귀띔했다.

글쓰기 연습 앞에 두 손 번쩍 치켜든 '논술'

서술형 문제는 이미 일부에서 출제했기 때문에 어려움은 없지만 학생들이 가장 생소하게 느꼈던 부분은 바로 '논술형'에 관한 것이었다. 교육청 담당자는 이에 대해 "논술형은 정기고사에서는 시간 문제 때문에 출제가 어려워 수행평가 내에서 이루어지도록 하고 있다. 서술형 30% 출제는 권장사항이라 학교별로 비율조정이 가능하다."고 밝혔다.

글쓰기가 본격적으로 내신평가에 반영되는 것이 현실이다. 문제당 점수 비중도 높아 서술형 문제를 간과해서는 내신관리가 어려워진 셈이다. 서술·논술형 시험문제는 단순 암기로 풀 수 있는 문항이 아니라 학생들이 문제와 지문을 읽은 뒤 깊이 생각해야 답을 쓸 수 있는 문제를 주로 출제하고 있다.

서술·논술형 시험문제에서 제일 중요한 것은 기본적으로 요구되는 쓰기능력을 기르는 게 필요하다. 쓰기능력은 하루 이틀에 완성되기는 어렵다. 따라서 논제를 정확히 파악하고 문제가 요구하는 답변에 자기 생각을 가미해 논리적으로 전개하는 글쓰기 연습을 많이 해야 한다. 글쓰기 능력을 익히려면 창의적 문제해결능력과 지식의 통합적 활용능력을 높이는 공부가 필요하다. 그리고 교과서 내용을 정확하게 숙지하고 책을 많이 읽거나 신문과 사설을 많이 읽는 것도 필요하다.

논술형 문제에서 '자신의 주장을 펼치라'는 문제가 나오면 단순히 독자를 설득하기 위해 노력하는 글을 써야 한다. 사례를 제시할 때는 사실적인 내용을 들며, 다른 측면의 주장도 인정해야 한다. 서술·논술형 시험문제는 잘 알고 있는 문제라도 답을 제대로 표현하지 못해 점수를 받지 못할 수도 있다.

서술·논술형 시험문제에는 개념을 정의하거나 설명하는 문제들이 출제됨으로 단어의 개념정의, 신문이나 잡지의 해설이나 기사, 설명문 쓰기, 보고서 쓰기, 기사문 쓰기, 전기문 쓰기, 안내문 쓰기 등을 연습하는 것이 효과적이다.

논술형 시험문제의 답을 쓸 때는 특히 객관성을 유지하려는 노력을 해야 하며 지식과 정보가 분명하게 드러나야 한다. 만약 글쓴이의 주관적인 생각이 들어간 지식과 정보는 채점자에게 어떤 판단을 요구하게 되어 본연의 목적에 위배된다. 또한 읽어도 무엇을 말하는지 모르게 되면 오히려 채점자에게 혼란만 가중시키게 된다.

논술의 답은 글의 시작과 중간 그리고 끝이라는 의미 외에 전달의 대상을 전개하는 방식까지 포함한다. 가령 버스노선을 알려주는 글이라면 버스의 첫 출발지부터 시작해서 마지막 정류장까지 순서대로 알려주어야 한다. 만약 중간 중간 빼놓고 설명하거나 정거장이 마구 섞여 있다면 채점자는 틀리다고 채점할 수밖에 없다.

 '연습벌레'가 설명문 소화시킨다

설명문은 어떤 대상의 특성이나 필자가 알고 싶은 사실, 지식, 정보 등을 체계적으로 전달하기 위하여 쓰는 글을 말한다. 만약 동물에 대해서 설명해야 한다면 우선 동물에 대한 정보를 수집한다. 자료를 수집하는 방법은 지금까지 공부한 것을 바탕으로 기억해서 사용한다. 그 다음에는 수집한 자료를 바탕으로 내가 필요한 정보로 바꾸는 작업을 한다. 이렇게 정리된 자료를 바탕으로 설명문을 쓰기 위해서는 양식에 맞게 써야 한다. 양식은 특별한 것은 없지만 통상 다음과 같이 구성한다.

설명문 쓰는 순서
설명하는 글의 형식은 여러 가지가 있지만 중학생들이 쓰는 방법은 서론, 본론, 결론인 3단 구성을 가장 많이 사용한다.

1) 서론
서론은 문제를 제기하고, 글을 쓰는 동기와 본문에서 다룰 문제에 대한 소개를 한다. 서론을 시작하는 방법은 다음과 같다.

결과로 시작한다
결과로부터 시작하여 독자의 흥미를 이끈다.

예 | 오늘날 급변하는 사회에 살고 있다. 그렇게 된 까닭은 무엇인가? 그것은 정보통신의 발달 때문이다.

주제로 시작한다
주제로부터 시작하여 독자가 핵심 주제가 무엇인지를 알게 한다.

예 | 주제가 신용이라면, 우리는 신용정신을 길러야 한다. 신용정신은 서로 믿는 밑거름이기 때문이다.

예를 들어 시작한다

독자의 흥미를 일으키기 위하여 자신이 경험한 일이나 나타난 사실을 자연스럽게 주제에 맞추어 쓴다.

예 | 예를 들어 우리가 공부를 하지 않는다면 어떻게 될까? 앞으로 사는 게 너무 힘이 들 것이다.

뜻풀이로 시작한다

시작할 때 개념이나 새로운 용어로부터 시작한다.

예 | 충격이란 무엇을 보고 놀란 것을 말한다. 우리는 새로운 것을 보면 충격을 받게 된다.

인용으로 시작한다

유명한 사람의 말이나 격언, 속담 등을 인용해서 시작한다.

예 | '백문일 불여일견'이라는 속담이 있다. 백번 듣는 것보다 한번 보여주는 것이 좋다.

2) 본론 쓰기

본론은 주장하려는 내용을 적는 것으로 주장하고자 하는 근거를 문단으로 나누어 쓴다. 문장에 큰 주장, 작은 주장의 논리적인 연결이 글의 설득력을 높이게 된다.

3) 결론 쓰기

결론은 본론 다음에 쓰는 것으로 전체를 마무리하는 내용으로 마감한다. 결론을 쓸 때는 본론에서 구체적으로 펼친 지은이의 주장을 간략하게 간추려서 강조하거나, 본론에서 주장한 내용을 다시 한번 강조한다.

  결론을 쓸 때는 문장을 간결하고 인상적으로 써야 기억에 남게 된다. 문장을 길고 복잡하게 쓰면 설득이 이루어지지 않게 된다.

  양식에 맞게 자료들을 배열하여 본문을 완성하고 맺음말에 맞게 요약 및 마무리를 하고 정리한다. 일단 글을 다 쓰고 난 후에는 다시 한번 읽어보면서 불필요한 내용이 없는지, 설명하고자 하는 내용이 빠진 것은 없는지, 문장과의 연결관계를 검토하여 완성한다.

'설득' 없는 글쓰기가 글 망친다

설득이란 말이나 글로써 다른 사람의 생각이나 행동에 영향을 끼치고자 하는 것으로 어떤 사실이나 정보를 채점자에게 확신시키거나 설득시키기 위한 글이다. 설득하는 글은 남을 설득하기 위한 글이기 때문에 글쓴이의 생각이나 주장이 뚜렷해야 한다.

효과적으로 설득하는 글쓰기

- ⦿ 설득을 하기 위해서는 지적으로도 풍부한 내용을 알아야 하며, 믿을 만한 내용이어야 한다.
- ⦿ 정보는 정확하고 확실한 정보를 제공해야 한다.
- ⦿ 거짓을 말하거나 사실을 감추어서는 안 된다.
- ⦿ 독자의 입장을 이해하고, 고려하는 투로 써야 한다.

- ⊙ 구체적이고 명확한 용어를 써야 한다.
- ⊙ 강요하지 말고 스스로 생각하여 결정하도록 써야 한다.

자신의 생각을 적게 하라

논술형 답안을 작성하기 위해서는 내용을 창의적으로 생성하여 글을 쓰게 하되 원인과 결과가 드러나게 하고 공통점이나 차이점이 드러나도록 글쓰기를 지도해야 한다.

내용을 창의적으로 생성하여 글을 쓰게 하기 위해서는 창의적인 내용 생성이 무엇인지 알려주어야 하며, 창의적인 내용 생성방법을 알려주어야 하며, 지식을 활성화할 수 있도록 지도해야 한다.

원인과 결과가 드러나는 글을 쓰기 위해서는 원인과 결과의 개

쓰기 목표	주요 학습요소
내용을 창의적으로 생성하여 글을 쓴다.	창의적인 내용 생성이 무엇인지 알기 창의적인 내용 생성 방법 알기 지식을 활성화하기
원인과 결과가 드러나게 글을 쓴다.	원인과 결과의 개념 알기, 원인과 결과를 이용한 내용 추스르기 방법 알기, 원인과 결과 드러나게 하는 언어 표현법 알기, 관련 지식을 바탕으로 원인과 결과가 드러나게 글쓰기
공통점이나 차이점이 드러나게 글을 쓴다.	비교와 대조의 개념 알기, 비교와 대조의 같은 점과 다른 점 알기, 비교와 대조를 이용한 내용 추스르기 방법 알기, 관련 지식을 바탕으로 비교와 대조가 드러나게 글을 쓰게 함

생각 쓰기 지도방법

념을 알려주고, 원인과 결과를 이용한 내용 추스르기 방법과 원인과 결과가 드러나게 하는 언어 표현법을 알려주어야 한다.

공통점이나 차이점이 드러나게 글을 쓰게 하기 위해서는 비교와 대조의 개념 알기, 비교와 대조의 같은 점과 다른 점 알기, 비교와 대조를 이용한 내용 추스르기 방법을 알려주어야 한다.

쓰기영역에서는 글을 쓸 때 지식이나 경험을 활용하도록 지도해야 하며, 문장부호를 알려주어야 한다. 여기에 창의적으로 글을 쓰면서 원인과 결과가 드러나도록 지도해야 한다.

다르게 생각해보고 쓰도록 하라

아이들의 상상력을 높이기 위하여 가상의 상황을 만들어 질문하고 답변하게 한다. 아이들은 이 질문을 통해서 자신이 어떤 상황에 놓여 있을 때 어떻게 할지를 상상해서 답변하도록 하고, 그것을 글로 쓰도록 지도한다. 정답은 없으므로 숙제처럼 부담이 되지 않도록 아이들이 풀기 쉽도록 질문을 해야 한다. 아이들이 답한 내용을 보고 상상력이 풍부한 내용을 많이 쓰면 상상력이 높은 아이라는 것을 판단할 수 있다.

빗대어 생각한 것을 써 보도록 하자

사물을 하나 제시해주고 다른 사물에 빗대어 표현하게 하는 질문을 하면 사물의 고정된 틀을 깨고 새로운 각도로 사물을 볼 수 있게 된다. 가능한 자유로운 각도로 쉽게 접근할 수 있도록 친근한 사물에 빗대어 자신의 생각을 글로 써 보도록 지도한다.

'내가 누구인가'를 쓰라

'나는 누구인가'라는 질문을 자기 자신에게 묻고 그 결과를 글로 쓰도록 한다. 이는 객관적으로 자신을 볼 수 있게 되어 아이의 자아형성에 도움을 준다. 이러한 질문들은 일 년에 한두 번, 시기를 정해놓고 정기적으로 한 후 자신만의 장점을 강조한 프로필을 만들게 하면 본인의 성장 정도를 스스로 측정할 수 있어 아이의 상상력을 구체적으로 키우는데 도움이 된다.

나라면 어떻게 할까 글을 쓰도록 하라

이야기를 들려주고 이야기 속의 주인공이 왜 그렇게 했는지 스스로 묻고 답해보고 내가 이야기 속의 주인공이라면 어떻게 했을까를 적게 한다. 아이들은 이 활동을 통해서 상대방의 입장에 대해 생각할 수 있는 역지사지의 정신을 배울 수 있으며 간접적으로 다른 인물이 됨으로써 상상력을 키울 수 있다. 활동 시에는 아이가 어느 한쪽의 인물만을 편애하지 않고 공정한 시각으로 볼 수 있게 지도한다.

 ## 다르게 생각해 볼까?

본 연습문제는 학생들이 이 질문을 통해서 자신이 어떤 상황에 놓여 있을 때 어떻게 할지를 상상해서 작성하도록 지도합니다. 정답은 없으며, 문제를 푸는 게 숙제처럼 되면 부담이 되니 학생들이 풀기 어려운 문제는 꼭 풀지 않아도 됨을 알려주어야 합니다. 학생들이 답한 내용을 보고 상상이 풍부한 내용을 많이 쓰면 상상력이 높은 학생이라는 것을 판단할 수 있습니다.

다르게 생각해 볼까?

1. 자동차가 하늘을 난다면? 자동차가 하늘을 난다면 바다도 건널 수 있을 텐데.

2. 일주일이 10일이라면? _____

3. 학교가 없어진다면? _____

4. 석유가 없어진다면? _____

5. 하늘에 집을 짓는다면? _____

6. 바다가 육지라면? _____

7. 행복이 성적순이라면? _____

8. 공부 안 하고도 성공할 수 있으면? _____

9. 엄마가 없다면? _____

10. 친구가 없다면? _____

다른 사물에 표현을 빗대어 볼까?

본 활동지의 정답은 없으며, 문제를 푸는 게 숙제처럼 되면 부담이 되니 학생들이 풀기 어려운 문제는 꼭 풀지 않아도 됨을 알려주어야 합니다. 학생들이 답한 내용을 보고 상상력이 풍부한 내용을 많이 쓰면 상상력이 높은 학생이라는 것을 판단할 수 있습니다.

다른 사물에 빗대어 표현하기

⋯▶ 자전거를 다른 사물에 빗대어 이야기하자.

1. 사물에 빗대어 – 자전거는 (타조)이다.
   왜냐하면 : 자전거는 타조처럼 날씬하기 때문이다.

2. 식물에 빗대어 – 자전거는 (　　)이다.
   왜냐하면 : _____

3. 생활용품에 빗대어 – 자전거는 (　　)이다.
   왜냐하면 : _____

4. 먹는 것에 빗대어 – 자전거는 (　　)이다.
   왜냐하면 : _____

5. 입는 것에 빗대어 – 자전거는 (　　)이다.
   왜냐하면 : _____

내가 되고 싶은 것, 닮고 싶은 사람은?

'나는 누구인가'라는 질문을 자기 자신에게 또는 주위사람들에게 하게 하고 그 결과를 글로 쓰도록 지도합니다. 미래 나의 목표를 이루고자 닮고 싶어 하는 사람에 관련하여 글을 적도록 하는 활동지입니다.

나는 ___가 될 거야

1. 나는 남들보다 _____ 능력이 뛰어나다.

2. 나의 성격은 _____이다.

3. 나의 장래 꿈은 _____이다.

4. 나의 꿈을 실현하기 위해서 나는 _____대학 _____과에 진학할 것이다.

5. 이 꿈을 이루기 위해서 지금까지 노력한 일은?
   _____
   _____
   _____
   _____
   _____
   _____
   _____

나는 ____를 닮을 거야

⋯▶ 평소에 너무 멋져서 닮고 싶었던 위인이나 어른 혹은 친구가 있다면 그 사람에 대해서 생각해 봅시다.

1. 나는 _____을(를) 닮고 싶다.

2. 내가 그 사람을 닮고 싶은 이유는 _____이다.

3. 내가 그 사람과 비슷한 점은 _____이다.

4. 내가 그 사람과 다른 점은 _____이다.

5. 내가 그 사람보다 더 멋진 점은 _____이다.

6. 나도 _____처럼 멋진 사람이 될 수 있다!! (큰소리로 3번 읽기)

나라면 어떻게 할까?

본 활동지는 '청개구리'란 글을 읽고 청개구리가 왜 그런 행동을 했는지 생각하고 내가 청개구리였다면 어떻게 했을지 적어보게 합니다. 정답은 없으며, 문제를 푸는 게 숙제처럼 되면 부담이 되니 학생들이 풀기 어려운 문제는 꼭 풀지 않아도 됨을 알려주어야 합니다.

옛날에 청개구리와 청개구리 어머니가 살았습니다.
청개구리는 어머니의 말을 늘 반대로 하는 개구리였죠.
어느 날 어머니가 병이 나서 돌아가셨습니다.
죽기 전에 어머니가 유언을 남기셨습니다.
"애야 내가 죽거든 개울가에 묻어라."
어머니는 이번에도 청개구리가 반대로 개울가가 아닌 다른 곳에 묻을 거라 생각하고 말하였습니다.
하지만 청개구리는 이번만큼은 어머니 말을 잘 들어야겠다고 생각하고 개울가에 묻었습니다.
어머니를 묻고 나서 어느 날 비가 내렸습니다.
청개구리는 비가 내려 개울가에 있는 어머니의 무덤이 쓸려 내려가지 않을까 걱정하였습니다.
그 후 비만 오면 어머니 무덤가에서 늘 운답니다.

스스로 문제 만들기 : 뭐든 반대로만 하는 청개구리는 왜 마지막에 엄마의 말을 들었을까?

답 : 지금까지 반대로만 한 것이 미안해서 마지막으로 어머니의 말을 따르고 싶어 했다.

나라면 어떻게 했을까? : 어머니가 마지막에 유언을 남겼을 때 왜 그런 유언을 남겼는지 생각해보고 개울가에 무덤을 만들어도 되는지 생각해 볼 것이다.

서초구 과외교사가 지도하는 글쓰기 노하우

　이 아무개 선생은 서초구에 있는 중학생들을 상대로 글쓰기를 지도하는 과외교사다. 서초구에서 사는 학부모들에게 속칭 '족집게 이 선생'으로 통하는 이 선생은 "사실적인 글을 잘 쓰는 아이도 설득하는 글쓰기의 어려움을 호소하는 경우가 많다."며 "설득하는 글은 단순한 사실을 쓰는 것이 아니라 깊은 사고작용이 필요하기 때문"이라고 귀띔한다.

　이 선생은 "설득하는 글은 자신의 느낌이 들어가지 않고 내 생각만 잘 표현하면 되는 글이라서 원리만 알면 더 쉽게 쓸 수 있다."며 "설득하는 글을 쉽게 쓰기 위해서는 먼저 하나의 문제를 정하고, 이에 따라 상대방을 설득할 수 있는 자료들을 모아 어떻게 설득할 것인가를 정하고 내용을 추슬러야 한다."고 힘주어 말한다.

　이는 곧 설득하는 글은 독자와 어떻게 의사를 소통할 것인가와 어떤 문제를 해결할 수 있는 방법이 무엇인지를 찾는 것이 가장 중요하다는 것이다.

chapter 07

사고력을 높여야
시험이 쉬워진다

옳고 그름의 차이는 판단력에 있다
추리력을 기르면 모르는 문제가 술술 풀린다
문제해결력 높여야 아는 문제 더욱 쉬워진다
자신을 표현하는 '뿌리'는 '논리력'
옳고 그름 밝히는 등대 '비판력'
과학과 사회, 탐구력으로 잡아라

엄마표 시험 공략법

공부는 충분히 했는데 시험지만 받으면 어렵다고 생각하는 학생들이 의외로 많다. 학생들이 시험이 어렵다고 생각되는 것은 단기간에 이루어지는 것이 아니고, 단순한 것을 묻는 것이 아니라 종합적인 사고력을 묻는 것이 많기 때문이다.

높은 성적을 받기 위해서는 사고력 훈련이 절실하다. 더욱이 7차 교육과정에서 요구하는 학생중심의 교육과정이 성공적으로 이루어지기 위해서는 학생들의 사고력 향상이 필수라 하겠다. 사고력에는 판단력, 추리력, 기억력, 집중력, 창의력, 문제해결력, 논리력, 비판력, 종합사고력 등이 있다. 사고력의 향상은 어느 한 부분만 높인다고 되는 것이 아니라 종합적으로 어우러져 하나가 되었을 때 극대화 될 수 있다. 이를 무시하고 다양한 사고력 중에서 하나만을 높이려는 것은 어리석은 일이다. 종합적인 사고력을 높여야 한다는 그 말이다.

사고력思考力은 간단히 말해서 생각하는 힘을 말한다. 어떤 상황이 생기면 바로 집중하여, 비교하고, 분석하며, 추리하여 판단하는 것을 말한다. 사고의 과정은 외부의 자극에 대해서 복잡하게 작용한다. '생각하는 것도 능력인가?'라고 생각할지 모르지만 우리가 하는 모든 행동과 결정은 사고를 바탕으로 한다. 사고력이 높으면 높을수록 하는 일마다 판단이 잘되지만, 사고력이 낮으면 그만큼 하는 일이 잘 안 된다. 시험은 특히 사고력을 테스트하는 것과 같기 때문에 공부를 잘하기 위해서는 사고력을 높여야 한다.

사고력이 필요한 이유

◉ 목표에 이르는 방법을 찾게 해준다.
사고력은 목표에 도달하기 위해서 선택해야 하는 것들 중에서 좋은 것을 선택하게 하는 능력을 갖게 해준다.

◉ 문제를 잘 해결하게 해준다.
사고력은 문제가 생겼을 때 문제에 대처하는 힘이나 문제를 해결할 수 있는 방법을 알려준다.

◉ 문제를 정확히 보는 눈을 갖게 해준다.
사고력은 문제의 외면만을 보는 것이 아니라 내면적으로 의미나 본질을 보게 해주는 능력을 갖게 해준다.

◉ 틀리는 것을 줄여준다.
사고력은 경험을 통해서 문제를 틀리게 푸는 것을 줄여준다.

◉ 공부를 효과적으로 하는 데에도 큰 도움을 준다.
사고력은 공부하는 데 도움을 주는 추리력, 기억력, 집중력, 창의력, 문제해결력, 논리력, 비판력 등을 길러준다.

사고력의 종류

사고력에는 판단력, 추리력, 기억력, 집중력, 창의력, 문제해결력, 논리력, 비판력, 탐구력, 종합사고력 등이 있다. 여기서 집중력이나 기억력

(암기력)은 학습에 중요한 요소이므로 별도로 다루도록 한다.

- ⊙ 판단력 : 옳고 그름이나 좋고 나쁨을 판단하는 능력을 말한다.
- ⊙ 추리력 : 몇 개의 사실을 바탕으로 특별한 사건이나 상황이 앞으로 어떻게 진행될지 미리 짐작하는 능력을 말한다.
- ⊙ 기억력(암기력) : 이전의 인상이나 경험을 의식 속에 간직하는 능력을 말한다.
- ⊙ 집중력 : 한 가지 일에 몰두하는 능력을 말한다.
- ⊙ 창의력 : 새로운 것을 생각하는 능력을 말한다.
- ⊙ 문제해결력 : 어떠한 문제가 생겼을 때 이를 해결할 수 있는 능력을 말한다.
- ⊙ 논리력 : 말이나 글에서 생각이나 추리 따위를 이치에 맞게 표현하는 능력을 말한다.
- ⊙ 비판력 : 사물의 옳고 그름을 가려 판단할 수 있는 능력을 말한다.
- ⊙ 탐구력 : 진리나 학문 따위를 깊이 파고들어 연구하는 능력을 말한다.
- ⊙ 종합사고력 : 사고력의 다양한 사고를 종합적으로 생각하고 조합하는 능력을 말한다.

옳고 그름의 차이는 판단력에 있다

판단력은 그야말로 옳고 그름이나 좋고 나쁨을 판단하는 능력이다. 예를 들어 '부모에게 효도하는 학생일수록 좋다' 또는 '얼굴이 무섭게 생긴 사람은 보편적으로 나쁘다' 등 좋고 나쁨을 판별하는 것을 말한다. 판단력은 의사결정을 빠르게 해주며, 문제해결에 도움이 된다. 판단력은 선택을 올바르게 할 수 있는 능력을 주기 때문에 선택이 많은 현대사회에서 가장 필요한 능력이다.

사람의 일생은 판단의 역사이다. 예를 들면 '무엇을 먹을 것인지?', '언제 잠을 잘 것인지?', '공부를 할 것인지? 또는 공부를 하지 않을 것인지?', '구매할까? 구매하지 말까?'…… 판단력이 높으면 이러한 선택능력이 높아져 행복한 삶을 살 수 있지만 판단력이 낮으면 선택을 잘못하게 되어 고생을 하게 된다.

판단력이 필요한 이유

의사결정을 빠르게 한다
판단력은 할 것인가 말 것인가를 선택하는 것이다. 판단력은 기존의 경험이나 간접경험을 통해서 결정을 빠르게 해줌으로 시간낭비를 줄인다. 판단력이 없으면 어떻게 해야 할지 잘 모르기 때문에 결정이 늦어져 결국 시간을 낭비하게 된다.

문제해결 능력을 갖게 한다
판단력은 문제가 생겼을 때 합리적으로 해결하는 방법을 선택하는데 도움을 준다. 판단력이 없으면 문제를 해결할 수 있는 능력이 부족해 문제에 빠져 힘들게 될 수 있다.

사물을 정확히 보는 눈을 갖게 한다
판단력은 경험을 통해서 내면적으로 의미나 본질을 보게 해주는 능력을 갖게 해준다. 판단력이 높아지면 사물의 겉면만 보는 것이 아니라 내면까지 파악하고 선택하기 때문에 실수를 줄일 수 있다.

실패하는 것을 줄인다
판단력은 경험을 통해서 실패한 것들을 하지 않게 해줌으로 실패를 줄여준다. 판단력이 없으면 한번 실패했어도 나중에 다시 실패할 수 있다.

공부를 효과적으로 하는 데에도 큰 도움을 준다
판단력은 공부하는 데 빠르게 하는 방법이나 효과 있게 하는 방법을 선택하는데 도움을 준다. 판단력이 없으면 '공부를 왜 해야 하는지?' 또는 '무엇을 해야 하는지?'를 알 수 없게 된다.

미래를 예측하는 능력을 갖게 한다
판단력은 미리 경험한 것을 바탕으로 똑같은 일이 발생하면 미래에 어떻게 대처해야 할지 미래를 예측하는 능력을 준다. 판단력이 없으면 미래를 예측하기 어려워 세상을 살기가 어렵다.

관찰력이 생긴다

판단력은 올바른 판단을 위해서 사물에 대해서 주의 깊게 관찰하는 능력을 준다. 판단력이 없으면 사물을 건성으로 보게 되고 쉽게 지나쳐 실패하는 삶을 살 수 있다.

판단력을 높이는 방법

판단력을 높이는 방법 중에서 가장 효과적인 것은 직접 경험하고 판단하는 것이다. 경험을 통해서 많은 것을 보고 듣고 결과를 봐서 좋고 나쁜지를 알아야 판단력이 높아진다.

직접 경험한 것을 바탕으로 판단하라

경험보다 더 좋은 판단력을 높이는 방법은 없다. 직접 경험한 것은 다음에 같거나 비슷한 상황이 올 때에도 합리적인 판단을 할 수 있는 근거가 된다.

세심한 관찰을 통해 판단하라

사물을 보고 그 사물의 내면의 본질과 의미를 파악하여 사물의 가치를 아는 습관을 길들인다. 이러한 세심한 관찰을 바탕으로 판단하면 판단력이 높아진다.

독서를 통한 간접경험으로 판단하라

독서를 통해서 다양한 사람들의 삶 속에서 배울 점과 배우지 말아야 할 점을 제시해준다. 따라서 독서를 통해서 교훈이나 진리를 배우게 된 것을 바탕으로 판단하게 되면 판단력이 높아진다.

다른 사람의 행동을 보고 판단하라

다른 사람들의 행동을 보고 배울 점과 배우지 말아야 할 점을 분석하게 되면 간접 경험한 것과 같이 되어 판단력이 높아진다.

문제를 보고 판단하는 연습을 하라

어떤 문제에 대해 직접 경험하지 않고 생길 수 있는 문제를 미리 판단하면 판단력이 높아진다.

미래를 예측하는 연습을 하라

미래를 예측하는 연습을 하다 보면 합리적인 미래를 판단해야 하므로 판단력이 높아진다.

자료를 모아 판단하라

판단할 때 있는 그대로 판단하는 것이 아니라 자료를 충분히 모아 판단근거로 사용하면 판단력이 높아진다.

승부가 있는 게임을 하라

승부가 있는 게임은 신중하게 판단해야 한다. 승부가 걸린 게임을 하다 보면 신속한 판단을 해야 이길 수 있으므로 판단력이 높아진다.

판단력 진단지

	나의 판단력은 어느 정도일까요?	예	아니오
1	의사결정을 빠르게 한다.		
2	문제를 잘 해결한다.		
3	똑같은 판단에 실수를 잘 안 한다.		
4	선택할 때 관찰력이 있다.		
5	무슨 일이든 선택을 쉽게 한다.		
6	독서를 통해서 다른 사람들의 삶 속에서 배운다.		
7	다른 사람의 행동을 보고 판단한다.		
8	판단할 때 미래를 예측해본다.		
9	판단할 때는 자료를 충분히 모아 판단근거로 사용한다.		
10	승부가 있는 게임을 좋아한다.		
	"예"에 답한 총 개수 ( )개		

A유형 8-10개 : 판단력이 높군요.
B유형 4-7개 : 판단력이 있는 편이네요.
C유형 0-3개 : 판단력을 기르기 위해 노력하세요.

[A 유형]

- 평소 판단력이 높은 학생이다.
- '아니요'라고 답한 것만을 찾아서 부족한 부분을 지도하면 된다.

[B 유형]
- 평소 판단력이 조금 있는 학생이다.
- '아니요'라고 답한 것만을 찾아서 부족한 부분을 지도하면 된다.

[C 유형]
- 평소 판단력이 부족한 학생이다.
- 판단력을 높이기 위해서 처음부터 판단력을 갖기 위한 지도를 해야 한다.

독서 통해 판단력 키우기

본 활동지는 판단력을 높이기 위하여 독서를 통한 판단력을 키우는데 그 목적이 있습니다. 보기와 같이 주어진 예문을 보고 판단하는 문제입니다. 학생에 따라 다양한 답이 나올 수 있습니다. 논리적인 연결성이 중요하긴 하지만 뒷부분이 정해져 있지 않은 만큼 한사람이 여러 가지 답을 내놓아도 무방합니다. 활동지를 작성한 후에는 '왜 이런 생각을 했는가?'에 대해서 토론시간을 가지면 판단력이 더욱 향상됩니다.

보기) 다음의 글을 읽고 이순신 장군이 어떤 판단을 했는지 적고, 나라면 어떻게 할지 적으시오.

> 이순신 장군은 고문을 당한 채로 풀려나 백의종군을 할 때 원균의 패전소식을 들었으며, 다급해진 선조와 조선 조정은 다시 이순신을 삼도수군통제사로 임명시켰다. 그러나 상황은 최악이었다. 이순신 장군의 군량차단으로 인하여 극도로 발악한 일본군이 전 조선의 마을을 털며 약탈을 자행하여 모든 경제력은 일본군의 손 안에 들어가 있었던 것이다. 그러나 이순신은 교지를 받자마자 전라도의 전 고을을 돌며 왜군이 아직 약탈하지 않은 관청을 돌며 군량미를 확보하고 백성들과 군사들을 모았다.

답 : 군량미와 군사를 모았다.

나의 행동 : 나는 무서워서 도망갔다.

1) 다음을 글을 읽고 이순신 장군이 어떤 판단을 했는지 적고, 나라면 어떻게 할지 적으시오.

> 사랑하는 장병들은 이미 대부분이 죽임을 당했으며, 애써 만들어 놓았던 거북선과 판옥선은 12척을 남기고 다 잃었다. 남아 있던 1000여 명의 병사들 중 반 이상이 신병들이었기에 훈련을 제대로 받지도 못하였으며, 해군장수들 반 이상이 이순신 편이 아니었으며, 더욱이 원균의 패배로 패배의식 뿐만 아니라 사기가 바닥이었다. 따라서 병사들은 전의를 상실하여 도망가기 바빴고, 백성들은 불안에 떨었다. 선조는 이에 따라 이순신 장군에게 수군을 없애고 육군에 합류하라는 지시를 내렸다. 그러나 이순신 장군은 13척의 배로 왜군과 싸워 이겼다.

답 : _____
_____
_____

나의 행동 : _____
_____
_____
_____

2) 다음의 글을 읽고 이순신 장군이 어떤 판단을 했는지 적고, 나라면 어떻게 할지 적으시오.

> 이순신 장군은 어릴 때부터 남다른 체격에 영특한 지혜가 있었으며, 당시 선비들도 당해내지 못할 정도로 탁월한 문장능력과 수려한 필체를 가졌었다. 주변 사람들은 이순신의 능력을 알고 문관으로 벼슬길을 가길 바라고 권했지만 이순신은 무관이 되겠다며 무술공부에 열중하였다. 무술공부를 6년 하였지만 낙방하고 4년 뒤에 다시 도전하여 31세에 드디어 무과시험에 합격하였다. 남들 같으면 자신이 잘할 수 있는 것을 가지고 편하게 살 수 있음에도 불구하고, 이순신은 새로운 분야에 도전을 결심하고 10년의 세월을 보내고 늦은 나이에 꿈을 이루었다.

답 : _____

_____

_____

나의 행동 : _____

_____

_____

_____

다른 사람 행동 바라보고 판단하기

본 활동지는 판단력을 높이기 위하여 다른 사람의 행동을 보고 판단력을 키우는데 그 목적이 있습니다. 보기와 같이 주어진 예문을 보고 판단하는 문제입니다. 학생에 따라 다양한 답이 나올 수 있습니다. 논리적인 연결성이 중요하긴 하지만 뒷부분이 정해져 있지 않은 만큼 한사람이 여러 가지 답을 내놓아도 무방합니다. 활동지를 작성한 후에는 '왜 이런 생각을 했는가?'에 대해서 토론시간을 가지면 판단력이 더욱 향상됩니다.

다음을 보고 나는 어떤 판단을 했는지 적고, 나라면 어떻게 할지 적으시오.

⋯› 찬호는 영순이가 짝인데 영순이를 자꾸 괴롭혔다.
답 : 괴롭힘
나의 행동 : 괴롭히지 않고 잘해줌

1. 동하는 버스를 타면 항상 자기의 자리를 노인들에게 양보한다.
답 : _____
나의 행동 : _____

2. 인환이는 길을 가다 휴지가 있으면 항상 주워 쓰레기통에 버린다.
답 : _____
나의 행동 : _____

3. 현숙이는 학교에서 청소를 할 때 항상 열심히 해서 선생님에게 늘 칭찬을 듣는다.
답 : _____
나의 행동 : _____

문제 바라보고 판단력 키우기

본 활동지는 문제를 보고 판단력을 키우는데 그 목적이 있습니다. 보기와 같이 주어진 예문을 보고 판단하는 문제로 학생에 따라 다양한 답이 나올 수 있습니다. 논리적인 연결성이 중요하긴 하지만 뒷부분이 정해져 있지 않은 만큼 한사람이 여러 가지 답을 내놓아도 무방합니다. 활동지를 작성한 후에는 '왜 이런 생각을 했는가?'에 대해서 토론시간을 가지면 판단력이 더욱 향상됩니다.

다음을 보고 판단을 잘했는지 잘못했는지 적고, 그 이유를 적으시오.

⋯▶ 연희는 피겨스케이트 타는 것을 좋아한다. 연희는 열심히 노력해서 세계적인 피겨스케이팅 선수가 될 수 있는데도 불구하고 노력하지 않아서 결국에는 선수는 되지 못했다.

답 : _판단을 잘못했음_

나의 행동 : _노력하지 않았음_

1. 영순이는 공부를 잘해야 자기가 원하는 의사가 될 수 있는데 공부를 하지 않아 결국은 대학을 가지 못해 평범한 주부가 되었다.

답 : _____

나의 행동 : _____

2. 내일 시험을 보아야 하는 철수는 시험공부를 해야 하는 시간에 친구가 축구를 하자고 해서 축구를 하여 다음날 시험을 잘못 보았다.

답 : _____

나의 행동 : _____

3. 핸드폰 신제품이 1달 만에 쏟아져 나오는데 핸드폰을 필요로 하던 영수는 자기가 원하는 기능을 가진 핸드폰이 나와 구매했는데 다음 달에 더 좋은 기능을 가진 새로운 핸드폰이 나와 후회했다.

답 : _____

나의 행동 : _____

미래 예측하는 연습

본 활동지는 미래를 예측하는 것을 숙달하여 판단력을 키우는데 그 목적이 있습니다. 보기와 같이 주어진 예문을 보고 일어날 일을 판단하는 문제로 학생에 따라 다양한 답이 나올 수 있습니다. 논리적인 연결성이 중요하긴 하지만 뒷부분이 정해져 있지 않은 만큼 한사람이 여러 가지 답을 내놓아도 무방합니다. 활동지를 작성한 후에는 '왜 이런 생각을 했는가?'에 대해서 토론시간을 가지면 판단력이 더욱 향상됩니다.

다음을 보고 미래를 예측하고 그 이유를 적으시오.

···▶ 천둥이 친다.

답 : 비가 온다.

이유 : 천둥이 치면 비가 오니까

1. 눈이 온다.

   답 : _____

   이유 : _____

2. 해가 떴다.

   답 : _____

   이유 : _____

3. 개가 따라온다.

   답 : _____

   이유 : _____

자료 모아 판단력 키우기

본 활동지는 자료를 모아 판단력을 키우는데 그 목적이 있습니다. 보기와 같이 주어진 예문을 보고 일어날 일을 판단하는 문제로 학생에 따라 다양한 답이 나올 수 있습니다. 논리적인 연결성이 중요하긴 하지만 뒷부분이 정해져 있지 않은 만큼 한사람이 여러 가지 답을 내놓아도 무방합니다. 활동지를 작성한 후에는 '왜 이런 생각을 했는가?'에 대해서 토론시간을 가지면 판단력이 더욱 향상됩니다.

보기) 다음은 정주영 회장님의 일화다. 이것을 읽고 물음에 답하세요.

뉴턴, 아인슈타인, 에디슨, 빌 게이츠 등 역사 속에 비범한 업적을 이룬 천재들에겐 한 가지 공통점이 있다. 집중력이 높다는 것이다. 그들은 머리가 좋아 천재가 된 게 아니라, 집중력이 높아 천재가 됐다는 얘기다. 옛날 말에 '천재는 열심히 노력하는 사람을 이기지 못하고, 노력하는 사람은 즐기는 사람을 이기지 못한다'는 말이 있다.
정주영 회장도 집중력이 뛰어난 분이다. 정 회장은 어떤 일이든지 한번 시작하면 끝장을 보고 마는 성격을 소유하신 분이다. 정 회장은 격동의 현대사에서 경제발전의 산 증인으로 우뚝 서며 회장직에서 물러나기까지 63년 동안 지치지 않고 일에 몰두하였던 것이다. 정 회장은 일에 몰두해서 즐기는 능력이 있었기 때문에 일하는 시간이 즐겁고 행복할 수 있었던 것이다.

정주영 회장이 성공한 이유 : 집중력이 높음, 한번 시작하면 끝장을 봄, 63년 간 일에 몰두함, 일을 즐기는 능력

1) 다음은 정주영 회장님의 일화다. 이것을 읽고 물음에 답하세요.

> 정 회장이 젊을 때 어려운 일을 전전하다가 '복흥상회'라는 쌀가게 배달원으로 취직되었을 때 행복하였다. 점심과 저녁을 먹여주고 월급으로 쌀 한 가마니까지 받을 수 있었기 때문이다. 그는 취직한 이튿날부터 매일 누구보다도 일찍 일어나 가게 앞을 깨끗이 쓸고 물까지 뿌려놓는 것으로 하루 일을 시작했다.
> 정 회장은 열심히 되질과 말질을 배우면서 몸을 사리지 않고 쓸고, 치우고, 배달하며 손님 응대도 명랑하게 잘하기에 주인아저씨는 아들보다 좋아했다. 정 회장은 누가 지켜보지 않아도 내일처럼 열심히 일을 하였다. 주인아저씨는 점차 정 회장을 신용 있는 청년으로 인정하기 시작했다. 정 회장의 성실함과 신용을 보고 감탄한 주인아저씨는 게으른 아들 대신 그에게 가게를 물려줬다.

정주영 회장이 성공한 이유 : _____
_____
_____
_____

2) 다음은 정주영 회장님의 일화다. 이것을 읽고 물음에 답하세요.

> 정 회장이 젊을 때 어려운 일을 전전하다가 '복흥상회'라는 쌀가게 배달원으로 취직되었을 때 행복하였다. 점심과 저녁을 먹여주고 월급으로 쌀 한 가마니까지 받을 수 있었기 때문이다. 그는 취직한 이튿날부터 매일 누구보다도 일찍 일어나 가게 앞을 깨끗이 쓸고 물까지 뿌려놓는 것으로 하루 일을 시작했다.
> 정 회장은 열심히 되질과 말질을 배우면서 몸을 사리지 않고 쓸고, 치우고, 배달하며 손님 응대도 명랑하게 잘하기에 주인아저씨는 아들보다 좋아했다. 정 회장은 누가 지켜보지 않아도 내일처럼 열심히 일을 하였다. 주인아저씨는 점차 정 회장을 신용 있는 청년으로 인정하기 시작했다. 정 회장의 성실함과 신용을 보고 감탄한 주인아저씨는 게으른 아들 대신 그에게 가게를 물려줬다.

정주영 회장이 가게를 물려받게 된 이유 : _____

_____
_____
_____
_____
_____
_____

추리력을 기르면 모르는 문제가 술술 풀린다

추리는 추론이라고도 하며 알고 있는 것을 바탕으로 알지 못하는 것을 미루어서 생각하는 것을 말한다. 추리력은 알고 있는 몇 가지의 사실을 바탕으로 새로운 판단이나 결론을 끌어내는 능력이다. 예를 들어 '평범한 사람들도 노력하면 공부를 잘할 수 있다'는 사실을 바탕으로 새로운 판단인 '공부를 잘하는 사람은 꼭 머리가 좋지 않다'는 결론을 끌어내는 것이다.

왜 추리력인가

문제해결에 도움 주는 추리력

추리력이 있으면 문제를 해결할 때 문제를 보고 알고 있는 사실을 바탕으로 문제를 해결할 수 있다.

판단에 도움 주는 추리력

추리력이 있으면 기존에 알고 있는 사실들을 바탕으로 합리적인 판단을 하는데 도움을 받을 수 있다.

공부의 효율성 증가시키는 추리력

추리력은 공부하는데 하나의 사실에서 새로운 사실을 만드는 능력을 준다. 추리력이 높으면 같은 시간에 똑같은 공부를 해도 많은 양의 공부를 한 것과 같다. 즉 적은 시간에 많은 양의 공부를 한 것과 같게 된다.

미래 예측하는 능력 갖게 하는 추리력

추리력은 여러 사실을 바탕으로 미래에 어떻게 대처해야 할지 짐작하는 능력을 준다.

관찰력 생기게 하는 추리력

추리력은 올바른 판단을 위해서 사물에 대해 주의 깊은 관찰능력을 준다.

추리력, 이렇게 높여라

사건, 사고에 대해 원인을 추리하라

신문이나 방송에서 나오는 사건이나 사고에 대해서 '왜 그럴까?', '왜 그랬을까?', '어떤 원인이 있었을까?'라는 생각을 가지게 되면 추리력이 높아진다.

사건, 사고에 대해 결과를 추리하라

신문이나 방송에서 나오는 사건이나 사고에 대해서 '어떻게 될까?', '나라면 어떻게 할까?'라는 생각을 하게 되면 추리력이 높아진다.

주제 찾아 토론하라

토론을 하기 위해서는 기존에 알고 있는 지식을 바탕으로 발표할 내용을 만들어야 하기 때문에 추리력이 높아진다.

탐정소설 읽고 미래를 추리하라

추리소설은 단서나 사실을 통하여 새로운 사실을 만들기 때문에 추리소설을 읽고 다음에 무엇이 나올까를 생각하면 추리력이 높아진다.

문제 해결하는 답을 추리하라

어떤 문제를 만났을 때 문제를 해결하기 위해서 문제와 관련된 다양한 자료와 정보를 수집하여 문제해결을 하면 추리력이 높아진다.

책의 제목만 보고 내용을 추리하라

책을 읽을 때 책의 내용을 전부 읽기 전에 책의 제목만 보고 어떤 구성이나 어떤 내용인지를 생각하면 추리력이 높아진다.

행동에 대한 결과를 추리하라

어떤 행동을 하기 전에 항상 자신의 행동의 결과로 어떤 일이 생길지를 생각하는 습관을 가지면 추리력이 높아진다.

추리력 꿰뚫는 진단지

	나의 추리력은 어느 정도일까요?	예	아니오
1	사건, 사고에 대해서 원인을 생각할 수 있다.		
2	사건, 사고에 대해서 결과를 생각할 수 있다.		
3	주제를 가지고 토론하는 것을 좋아한다.		

4	탐정소설을 읽고 다음에 무엇이 나올까 생각할 수 있다.		
5	독서할 때 앞에 무엇이 나올까 미리 생각할 수 있다.		
6	문제를 해결하기 위해서 다양한 정보를 수집한다.		
7	사물에 대해서 주의 깊은 관찰을 할 수 있다.		
8	몇 가지의 사실을 바탕으로 새로운 생각을 할 수 있다.		
9	몇 가지의 사실을 바탕으로 미래를 예측할 수 있다.		
10	자신의 행동에 대한 결과를 예측할 수 있다.		

"예"에 답한 총 개수 (   ) 개

A유형 8-10개 : 추리력이 높군요.
B유형 4-7개 : 추리력이 있는 편이네요.
C유형 0-3개 : 추리력을 기르기 위해 노력하세요.

[A 유형]

◉ 평소 추리력이 높은 학생이다.

◉ '아니요'라고 답한 것만을 찾아서 부족한 부분을 지도하면 된다.

[B 유형]

◉ 평소 추리력이 조금 있는 학생이다.

◉ '아니요'라고 답한 것만을 찾아서 부족한 부분을 지도하면 된다.

[C 유형]

◉ 평소 추리력이 부족한 학생이다.

◉ 추리력을 높이기 위해서 처음부터 모든 추리력을 지도해야 한다.

사건, 사고의 원인을 추리하라

본 활동지는 사건, 사고에 대해서 원인을 추리하는데 그 목적이 있습니다. 보기와 같이 주어진 예문을 보고 답을 적는 문제로 학생에 따라 다양한 답이 나올 수 있습니다. 학습코치는 아이가 질문에 대한 답을 자신이 가지고 있는 정보를 동원하여 유추할 수 있도록 질문을 던지거나 생각의 고리를 만들면 됩니다. 활동지를 작성한 후에는 '왜 이런 생각을 했는가?'에 대해 토론시간을 가지면 추리력이 더욱 향상됩니다.

초·중·고교생 휴대전화 갖고 학교 못 간다

서울시내 초·중·고교생들이 휴대전화를 가지고 등교하거나 교내에서 사용하지 못하게 하는 조례 제정이 추진된다.

9일 서울시의회에 따르면 시의회 교육문화위원회는 다음 주 중 소속 상임위원회 간담회를 열고 초·중·고교생들의 휴대전화 교내 사용을 제한하는 조례안 제정을 추진하기로 했다.

질문 : 학생에게 휴대전화를 갖고 학교에 등교하지 못하게 하는 이유는?

이유 : 학교에서 사용하게 되면 수업에 방해가 되기 때문에

일선 학교 신종플루 감염 확산

일선 학교에서의 신종인플루엔자 집단감염이 확산되고 있다. 보건복지가족부 중앙인플루엔자대책본부는 "부산지역 초등생과 고교생 8명 등 64명이 인플루엔자 A$_{H1N1}$ 감염환자로 추가됐다."고 23일 밝혔다.
부산 모 초등학교의 경우 14명이 추가돼 지금까지 환자 수가 63명으로 늘었다.
보건당국은 이와 함께 한 중견기업에 입사해 연수 중이던 신입사원 5명이 환자로 밝혀져 감염경로를 추적 중이다. 이 기업은 즉각 연수교육을 중단한 것으로 알려졌다.

질문 : 신종인플루엔자에 집단감염이 된 이유는?

이유 : 학교나 연수원 같이 사람이 많은 곳에서 생활했기 때문에

사건, 사고의 결과를 추리하라

본 활동지는 사건, 사고에 대해서 결과를 추리하는데 그 목적이 있습니다. 보기와 같이 주어진 예문을 보고 답을 적는 문제로 학생에 따라 다양한 답이 나올 수 있습니다. 학습코치는 아이가 질문에 대한 답을 자신이 가지고 있는 정보를 동원하여 유추할 수 있도록 질문을 던지거나 생각의 고리를 만들면 됩니다. 활동지를 작성한 후에는 '왜 이런 생각을 했는가?'에 대해 토론시간을 가지면 추리력이 더욱 향상됩니다.

문제 1) 다음 기사를 보고 결과를 추리하세요.

한국, 고령화 사회로 초고속 질주

전 세계 고령화가 급속도로 진행되고 있는 가운데 특히 한국의 노령 인구 급증이 주목되고 있는 것으로 나타났다.

20일 미국 인구통계국의 2008년 보고서 '고령화 세계 An Aging World'에 따르면 2000년 전체 인구의 7%였던 한국의 65세 이상 인구가 두 배인 14%로 증가하는데 소요되는 시간은 18년으로 보고서에 인용된 20개국 중 가장 빠른 것으로 나타났다.

우리나라의 65세 이상 노인 인구는 이런 증가세에 따라 내년에 10명 중 1명(10.4%)으로 늘어나고 2040년에는 3명 중 1명(28.9%) 꼴로 증가할 것으로 예측됐다.

질문 : 한국이 노년 인구가 많은 사회가 되었을 때 예상되는 결과는?

결과 : 일할 사람이 적어진다.

이유 : 젊은이보다 노인 인구가 많기 때문에

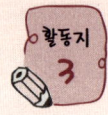

주제를 찾아 토론하라

본 활동지는 추리력을 높이기 위하여 주제를 가지고 토론하는 과정에서 추리력을 키우는데 그 목적이 있습니다. 보기와 같이 주어진 예문을 보고 답을 적는 문제입니다. 육하원칙에 따라 요약하는 훈련을 반복하면 긴 제시문이나 책을 읽고 내용을 파악하는데 도움이 됩니다. 물론 누구를 기준으로 정하느냐에 따라 나머지 내용도 달라질 수 있기 때문에 학습코치는 아이가 질문에 대한 답을 자신이 가지고 있는 정보를 동원하여 유추할 수 있도록 질문을 던지거나 생각의 고리를 만들면 됩니다. 활동지를 작성한 후에는 '왜 이런 생각을 했는가?'에 대해 토론시간을 가지면 추리력이 더욱 향상됩니다.

보기) 다음의 예문을 보고 6하 원칙에 의거해서 작성하세요.

> 세종대왕은 지방행정망을 통해 정기적으로 강우량을 측정, 보고하게 하기 위해서 장영실로 하여금 비가 내린 양을 재는 측우기를 제작하게 하였다. 장영실은 여러 번의 실패 속에서 끝까지 연구한 끝에 측우기를 1441년(세종23년)에 발명하였다. 이 측우기는 발명된 세계 최초의 우량계라 한다. 그 이후 서울과 지방에 이를 설치하여 우량을 기록하게 하였으며 농사에 참고하게 하였다.
> 이 측우기는 1639년 이탈리아의 B.가스텔리가 발명한 측우기보다 약 200년이나 앞선 것이었다.

1. 누가? : 장영실

2. 무엇을? : 측우기 발명

3. 언제? : 1441년

4. 어디서? : 왕궁에서

5. 왜? : 지방행정망을 통해 정기적으로 강우량을 측정, 보고하게 하기 위해서

6. 어떻게? : 여러 번의 실패 속에서 끝까지 연구한 끝에

행동의 결과를 추리하라

본 활동지는 추리력을 높이기 위하여 행동에 대한 결과를 추리하여 추리력을 키우는데 그 목적이 있습니다. 보기와 같이 주어진 예문을 보고 답을 적는 문제입니다. 학생에 따라 다양한 답이 나올 수 있는 활동입니다. 코치는 미리 아이들의 답을 예상하고 거기에 맞는 대응방법을 연구해야 합니다. 중요한 것은 나의 어떤 행동이 원인이 되어 무언가 다른 결과를 가져오게 되며 나는 그것을 미리 생각하고 행동해야 합니다. 전혀 엉뚱한 답을 말했을 경우에는 어떤 원인과 결과에 해당하는지 점검해 줄 필요가 있고 거기에 맞게 답을 하도록 이끌면 됩니다.

다음 행동을 보고 결과를 추리하세요.

행동	예상결과
친구에게 돈을 꾸었는데 갚지 않았다.	친구에게 매를 맞을 것이다.
수학숙제를 하지 않고 학교에 갔다.	
친구와 다투고 나서 화해를 못하고 집에 왔다.	
몸이 아파 결석한 친구를 위해 집에 찾아가 위로하였다.	
무거운 짐을 이고 가는 할머니를 도와드렸다.	
학교에 일찍 왔는데 교실이 너무 지저분하여 청소를 하였다.	
시험에 대비하여 2주전부터 계획표를 세우고 일일계획에 맞춰 시험공부를 하였다.	
수업시간이 끝나고 바로 일어나지 않고 배운 내용을 한번 훑어보고 다시 생각했다.	
교과서를 여러 번 반복해서 읽었다.	
내가 존경하는 위인의 사진을 내 방 벽에 붙여 놓았다.	

인터넷 사용시간을 줄이기 위해 엄마에게 인터넷 사용시간을 정해달라고 말씀드렸다.	

예시 답안

1. 선생님께 혼날 것이다.
2. 학교에서 사과하지 못한 걸 후회할 것이다.
3. 친구가 많이 나올 것 같다.
4. 내 마음이 뿌듯할 것 같다.
5. 청소를 하고 나면 내 마음도 깨끗해질 것이다.
6. 시험성적이 오를 것이다.
7. 한 번 더 복습을 하게 되니 기억에 도움이 될 것이다.
8. 외워질 것 같다.
9. 자꾸 쳐다보면 닮아가지 않을까?
10. 엄마가 매우 좋아하실 것이다.

 ## 문제해결력 높여야 아는 문제 더욱 쉬워진다

공부를 많이 해서 아는 것은 많은데 시험지만 받으면 정답을 찾지 못해서 고생하는 학생들이 꽤 많다. 이러한 경우는 문제해결력이 부족한 경우다. 과거의 시험이 주로 암기능력을 묻는 시험이었다면 지금은 점차 문제해결력을 요구하는 문제들이 출제되고 있다. 수능시험도 문제해결력이 높아야만 해결할 수 있는 문제들이 출제되고 있다.

  문제해결력은 어떠한 문제가 생겼을 때 이를 해결할 수 있는 능력을 말한다. 문제해결력은 결국 이미 배워서 익숙해진 반응양식에서 단순하게 해결하기 위해 노력하는 것이다. 시험문제를 잘 풀기 위해서는 우선 문제가 무엇을 원하는지를 파악하고 '어떠한 행동이 유효한가', 즉 '어떻게 하면 목표에 이를 수 있는가'하는 수단과 방법을 찾아내는 것이다.

  문제해결력은 사람의 지적수준, 경험, 문제의 어려움, 실패의 정도, 장면에 대한 익숙함 등이 관련되기 때문에 사람마다 다르다. 하지만 선천적이기 보다는 후천적이기 때문에 충분히 연습을 통해서 문제해결력을 높일 수 있다. 시험에서 문제해결력은 학습자가 스스로 문제를 해결하는 것이므로 시험성적을 높이는데 꼭 필요한 것이다.

문제해결, 이렇게 하라

시행착오

여러 가지 시도를 하는 동안 여러 번 실패 속에서 해결하는 방법을 깨닫는 것을 말한다. 어떤 경험을 얻고자 하는 과정에서의 실패를 인식함으로써 완전한 경험에 이르는 지식을 얻게 되는 일이다.

통찰

어떤 문제가 생겼을 때 문득 주변상황을 보고 문제를 단숨에 해결하는 것을 말한다. 통찰은 문제를 바라보는데 그치는 것이 아니라 문제를 해결하는 직접적인 과정이다. 문제에 대한 끊임없는 관심과 주의력, 전문적인 지식이 합쳐져야 비약적인 발전을 하게 된다. 통찰은 창의력과 상상의 근간이 되는 강력한 힘이다.

문제해결능력, 어떻게 높여야 할까

작은 일부터 스스로 하게 하라

부모에게 의지력이 강한 학생일수록 스스로 해결하기 보다는 부모에게 의지하기 때문에 문제해결능력이 생기지 않게 된다. 문제해결능력을 높이기 위해서는 부모에게서 독립적으로 사고하고 행동하게 해야 한다. 예를 들어 신발을 스스로 신게 한다든지, 가방을 제자리에 놓는다던지, 옷을 걸어놓게 한다. 결국 작은 시도들이 모여서 문제가 생기게 되면 스스로 해결하는 능력을 갖게 된다.

사물이나 사건을 관찰하는 습관을 갖게 하라

작은 사물 하나를 보더라도 제대로 관찰하고 깊이 있게 생각할 수 있도록 한다.

칭찬을 자주하라

문제를 해결하고 싶은 마음을 갖게 하는데 중요한 것이 칭찬이다. 문제를 해결하는데 칭찬을 해주면 자신감이 생기고 이러한 자신감은 문제를 끝까지 해결하겠다는 습관을 만든다.

문제해결에 실패해도 격려를 하라

학생이 문제를 올바로 해결하지 못했더라도 꾸지람을 주게 되면 문제해결에 대한 도전을 포기하게 되므로 격려를 통해서 지속적으로 도전하게끔 해야 한다.

모르는 문제에 대해서는 알 때까지 질문을 하게 하라

모르는 문제가 생겼을 때 질문하지 않으면 그것으로 끝난다. 하지만 질문을 통해서 문제를 해결해 나가면 결국 문제를 해결한 것이 되고, 이것이 경험으로 누적되어 다음 문제를 해결하는데 도움을 받게 된다.

호기심을 길러주라

공부를 잘하는 학생들의 특징 중에 하나가 호기심이다. 문제해결에 있어서도 호기심을 갖지 못하면 문제를 해결하는데 있어서도 중간에 포기하기 쉽다. 호기심이 생기면 문제를 계속 풀고 싶은 욕구를 준다.

도전하고 싶은 마음을 일으키게 하라
문제가 생기면 이를 해결해야겠다는 도전심이 있어야 문제해결력이 증가한다. 도전하고 싶은 마음이 들도록 학생의 수준에 맞는 도전과제를 주고, 이에 도전했을 때 칭찬을 하고, 도전을 포기하려고 하면 격려를 통해서 끝까지 도전하도록 한다.

정답 대신 실마리를 주어라
학생이 문제를 해결하지 못한다고 해서 정답을 미리 제공하면 쉽게 포기하게 만들 수 있다. 학생이 문제를 해결하는 과정에서 힘들어 하는 부분을 찾아 실마리를 제공하는 것은 문제해결을 끝까지 유도하는 효과를 준다.

문제의 원인과 해결방안 쓰기

다음 기사를 읽고 문제의 원인과 해결방안을 적으세요.

"알파벳도 모른 채 학교 진학… 남한 말 어렵고 급우들과도 서먹"
_조선일보 2009-07-22 기사 일부

탈북脫北학생 고교취학률 낮아

국민권익위(위원장 양건)가 정부기관으로는 처음으로 내놓은 국내 정착 탈북자 종합 실태조사 결과에서 "탈북학생들의 고교 이상 취학률은 크게 낮고, 학업 중도탈락률은 크게 높다."고 밝혔다. 21일 공개된 권익위 자료에 따르면 2008년 4월 현재 탈북학생의 중학교 취학률은 93.9%였지만 고교 취학률은 29.9%에 그쳤다. 같은 기간 남한학생들의 평균 고교 취학률은 98%를 넘었다. 권익위는 또 2007년 현재 탈북학생의 중·고교 중도탈락률이 각각 12.9%와 28.1%로 조사됐다고 말했다. 남한학생의 중·고교 중도탈락률은 모두 1%에도 미치지 못한다.

당장 교과서를 읽고 시험문제를 풀어야 하는 학생들에겐 남북간의 언어차이도 심각한 문제다. "남한 말이 너무 어렵다"(A양) "처음에 선생님이 '키'를 가져오라고 했을 때 열쇠가 아니라 농기구 키(쭉정이 등을 제거하는 도구)를 한참 찾았다. 남한 말은 외래어와 한자어가 많아 외국어처럼 들린다."(B양)는 것이다.

탈북자에 대한 남한사람들의 곱지 않은 시선도 이들의 학습의욕을 꺾는 요인 중 하나다. "아르바이트 면접관이 내가 북한 말을 쓰니까 머리에서 발끝까지 훑어보더라." "남한사람들에게 말 걸기가 부끄럽다." "각종 아르바이트를 하면서 남한친구를 많이 사귀었는데 탈북자란 사실을 숨겼다. 탈북 사실을 말하면 무시하거나 무서워하기 때문이다."

문제의 원인 : _____

내가 생각하는 해결책 : _____

예시 답안

문제의 원인 : 남한의 말이 어렵고, 탈북학생을 보는 시선이 곱지 않은 것.

내가 생각하는 해결책 : 탈북학생들에게 우리말 교육을 철저하게 하고, 우리 학생들에게도 탈북자를 포용하는 마음을 길러주는 교육을 한다.

 자신을 표현하는 '뿌리'는 '논리력'

논리력이란 말이나 글에서 생각이나 추리 따위를 이치에 맞게 표현하는 능력을 말한다. 논리란 형식적이고 추상적이기 때문에 그에 걸 맞는 형식적 사고, 추상적 사고가 필요하다. 논리력을 지니려면 자신의 주장이나 의견을 논리정연하게 풀어나가야 한다. 논리력은 자신의 생각을 남들에게 설득력 있게 표현하기 위해서 필요한 것이다. 논리력이 있으면 자기가 원하는 것을 정확히 남들에게 표현하겠지만, 논리력이 없으면 자신이 무엇을 원하는지를 모른다.

한 가지 예를 들자. 사막에서 유목민들이 식사를 하고 있었다. 그때 며칠 동안 굶어서 배가 아주 고픈 여행자가 있었다. 여행자는 자신이 배가 고프다는 것과 밥 좀 달라고 하는 표현을 해서 밥을 얻어먹고 싶었다. 이때 여행자가 논리적이면 유목민들은 설득되어 밥을 나누어 주겠지만, 여행자가 논리적이지 못하면 유목민들을 설득하지 못해 밥은커녕 욕만 얻어먹을 수도 있다.

논리력은 이처럼 자신의 의사를 표현하는데 있어서 무엇보다 중요하다. 논리력은 해답을 찾는 것이 아니라 해답을 찾아가는 과정이 더 중요하다.

논리력, 왜 필요한가?
창의력이 향상된다
논리력은 결국 생각을 논리적으로 주장하는 연습을 하게 하므로 독창적인 생각을 떠오르게 한다.

비판적 사고력을 향상시킨다
논리력을 키우면 자연스럽게 자신의 시각으로 보거나 특정의 시각으로 따져보게 하므로 비판력이 향상된다.

표현력이 늘어난다
논리력은 글이나 말로 표현해야 하므로 올바른 어휘나 원고지 사용, 맞춤법 및 적절한 이유의 사용, 자연스러운 문단구성 방식을 익히게 되어 표현력이 늘어난다.

논리력, 이렇게 높여라
논리적인 문제를 풀어라
논리력은 생각을 논리적으로 하면 증가하는 것이므로 논리적인 문제들을 풀면 자연스럽게 논리적인 사고력을 높일 수 있다.

말하거나 생각할 때 서론, 본론, 결론으로 나누어라
논리력은 추상적이지만 형식을 갖고 있다. 말을 하거나 생각을 할 때 무작정하지 말고 서론, 본론, 결론에 입각하는 습관을 길러야 한다.

상황을 보고 전체를 생각하는 습관을 길러라
기존의 상황을 충분히 분석하여 다음에 어떤 말이나 행동이 오면 좋은지, 전체를 생각하는 습관을 길러야 한다. 대화를 잘하는 사람을 '조리 있다'고 말한다. 말을 조리 있게 한다는 것은 바로 '논리적'으로 말을 한다는 것이다. 하지만 논리적으로 말하는 것은 그리 쉽지 않다.

 교과서를 이용한 논리력 문제

보기) 다음을 보고 연관성 있는 것을 찾아 괄호 안에 답하시오.

> 이암 : 진흙 = 사암 : ( )

① 화석　　　② 퇴적　　　③ 모래　　　④ 자갈

정답 ③

1. 〈보기〉에 있는 낱말들을 모두 아우를 수 있는 낱말을 고르세요.

> 등성이, 마루, 꼭대기, 골짜기

① 강　　　② 계곡　　　③ 지층　　　④ 산

정답 ④

2. 다음 중 그 성격이 나머지 셋과 다른 것은?

① 두런두런   ② 아장아장   ③ 송알송알   ④ 옹알옹알

정답 ①

'두런두런'은 소리를 표현한 말이고 나머지는 행동을 표현한 말

옳고 그름 밝히는 등대 '비판력'

비판력批判力이란 사물의 옳고 그름을 가리어 판단할 수 있는 능력을 말한다. 비판적 사고批判的 思考, Critical thinking는 사물이 가진 정보의 옳고 그름을 가려 판단하는 정신적 과정이다. 비판력은 특히 사물의 의미를 파악하고, 사실들에 대해 '참이냐, 거짓이냐'에 대한 판정을 내리는 과정을 거친다. 비판적 사고의 반대는 어떤 사건이나 사실에 대해 깊이 생각하지 않고 현실 그대로 받아들이는 것으로 무비판적 사고라고 한다.

비판이란 자신만이 가진 기준인 주관이란 잣대만 들고 남의 주장이나 약점을 들추는 것은 아니다. 더욱이 자신의 이익을 위해 어떤 의견을 일방적으로 배타하거나 옹호하는 것도 아니다. 비판은 남들도 누구나 그렇게 생각하는 객관적인 시각을 가지고 합리적으로 판단하는 것이다.

예를 들어. 기분이 나빠 보이는 사람을 보면 '때리고 싶다'라는 판단을 했다고 치자. 그런데 실제로는 그 사람이 기분 나빠하는

것은 '때려서'가 아니라 '속이 쓰려서'라면 판단을 잘못한 것이다. 비판을 하기 위해서는 우선 그 사람이 왜 기분이 나쁜지에 대한 의미나 원인을 파악해서 얻은 정보를 바탕으로 사실에 대한 판단을 내리는 것이다.

비판력, 왜 필요한가?

깊은 사고를 할 수 있다
비판적 사고를 하면 단지 사물의 겉모양만 보고 판단하는 것이 아니라 사물의 바탕을 파고 들어가 깊은 사고를 할 수 있다.

사물의 진상을 파악할 수 있다
비판적 사고는 사물이나 사건의 옳고 그름을 판단함으로 인해 사물의 진상을 밝히는데 도움이 된다.

종합적 사고를 할 수 있다
비판적 사고를 하기 위해서는 다양한 사고 즉 분석, 종합, 응용 등을 동원해서 사고를 해야 하기 때문에 종합적 사고를 하게 해주므로 사물을 한쪽만 보고 판단하는 잘못에서 벗어나게 해준다.

독단에 빠지는 것을 막아준다
비판적 사고가 부족하면 주관적으로 모든 것을 생각하기 때문에 독단의 함정에 빠지기 쉽다. 따라서 비판적 사고를 하게 되면 자기가 알고 있는 한 부분에 빠지지 않고 전체를 보게 해준다.

비판력, 이렇게 높여라

상대방의 주장과 감정을 이해하라

비판력을 높이기 위해서는 비판하기 전에 반드시 상대방을 이해하고 노력해야 한다. 상대방의 주장이나 감정을 이해한 뒤 비판하려고 해야 한다.

비판하는 이유를 명확히 하라

비판력을 높이기 위해서 비판하려는 이유를 주관적인 것이 아니라 객관적 입장에서 비판한다는 것을 명확히 밝힐 수 있어야 한다. 비판의 명분이 명확해야 모든 사람이 비판한 것에 대해 공감을 갖게 된다.

관련된 사항만 비판하라

비판을 강하게 하다 보면 본질적인 문제와 관련 없는 내용도 거론하기 쉽다. 이러한 비판은 문제해결에 도움이 되지 않으므로 비판은 관련된 사항만 해야 한다.

관찰한 내용이 아닌 추론에 근거하여 비판하라

내용을 관찰한 것으로 하다 보면 주관적으로 보기 때문에 추론을 바탕으로 비판하여야 객관적이 된다.

문제점을 제시하고 반드시 개선방향을 제시하라

문제점만 제시하는 것은 비난이 되기 쉽다. 따라서 비판이 되기 위해서는 먼저 문제점을 제시한 후 개선방향을 제시해야 한다.

모호한 비판을 피하고 구체적으로 표현하라
비판은 예민한 문제이다. 때문에 모호하게 하면 사람에 따라 달리 해석이 되므로 구체적으로 표현해서 모든 사람들이 같이 이해할 수 있어야 한다.

 ## 인물에 대해 비판하기

다음의 글을 읽고 흥부와 놀부에 대해서 비판하시오.

> 옛날 놀부라는 욕심 많은 형과, 흥부라는 마음씨 착한 아우가 있었다. 착한 흥부는 형에게서 쫓겨나 온갖 고생을 하며 살았다. 어느 날 흥부는 다리 다친 제비를 구해 주었는데, 이듬해 이 제비가 박씨 하나를 갖다 주었다. 흥부는 그 박씨가 자라서 얻은 박에서 금은보화를 얻어 큰 부자가 되었다. 이에 심술이 난 놀부는 일부러 제비 다리를 부러뜨려 날려 보내 같은 식으로 박을 얻었다. 그러나 그 속에는 똥이니 귀신이니 하는 것이 나와서 집안을 망쳐버렸다. 이때 아우 흥부는 형이 패가망신敗家亡身 했다는 소문을 듣고 형 내외를 자기 집으로 모시고 와서 지성으로 섬기며, 자기 집과 똑같은 형의 집을 지어줘 살게 했다. 그리하여 그렇게 악독한 놀부도 회개하고 선인이 되어 형제가 화목하게 살았다.

흥부에 대한 비판 : _____
_____
_____

놀부에 대한 비판 : _____
_____
_____

 ## 과학과 사회, 탐구력으로 잡아라

다양하고 고도화된 미래사회의 도전에 능동적으로 대응하기 위해서는 탐구력을 길러야 한다. 학교공부에서도 이를 반증이라도 하듯 탐구능력을 묻는 문제들이 주를 이루고 있다. 더욱이 수능시험에서는 아예 과학탐구능력이나, 사회탐구능력이라 하여 많은 비중을 두고 있다.

탐구력은 진리나 학문 따위를 깊이 파고들어 연구하는 능력을 말한다. 탐구는 '제기된 불확실한 문제들을 해결하기 위하여 가설을 세우고, 그 가설에 준거하여 평가하고, 검증하여, 결론을 얻어내는 일련의 사고과정'이라 할 수 있다.

진리나 학문을 깊이 파고들어 연구하기 위해서는 사고력을 이루는 문제해결력이나, 논리력, 판단력, 창조력 등을 반드시 필요로 한다. 탐구력은 한가지의 사고로만 이루어지는 것이 아니라 문제해결력이나, 논리력, 판단력, 창조력 등 다양한 사고력이 한꺼번에 이루어져야 한다.

문제해결력은 생활주변에서 접하는 수많은 문제들을 해결하기 위해서 필요하다. 문제해결력은 또한 문제들을 정확히 보기 위해서는 수많은 자료들을 수집해서 진위를 가리는 판단력이 필요하다. 가설의 설정과 그를 검증할 수 있는 논리력이 필요하며, 기존의 자료를 바탕으로 새로운 것을 만드는 창의력도 필요한 것이 문제해결력이다.

탐구력, 왜 필요한가?

미래사회에 대비할 수 있다
다양하고 고도화된 미래사회에 대비하기 위해서는 탐구력을 가지고 상황을 분석하고 미래를 대비하는 능력을 길러야 한다. 탐구력이 없다면 미래사회에 대비할 수 없어 곤란에 처하게 된다.

체계적인 논리적 사고를 향상시킬 수 있다
사물이나 자연현상을 관찰한 뒤 사실에 근본을 두고 자신의 생각을 이끌어내야 하므로 논리적 사고가 향상된다.

창의적인 생각과 태도가 길러진다
탐구력은 스스로 생활주변을 분석하는 능력을 길러주므로, 이를 바탕으로 새로운 생각인 창의적인 생각을 길러준다.

종합적 사고력이 길러진다
탐구력은 문제해결력이나, 논리력, 판단력, 창조력 등 다양한 사고력이 한꺼번에 이루어져야 한다. 탐구력이 높아지면 자연스럽게 탐구력의 기본이 되는 종합적 사고력이 높아지게 된다.

학습능력 향상에 필수적이다
공부라는 것은 탐구과정과 같다. 시험은 특히 탐구능력을 테스트하는 것과 같기 때문에 탐구능력이 높아야 시험을 잘 보게 될 뿐만 아니라 결국 공부를 잘하게 한다.

자기주도적 습관이 길러진다

탐구과정은 개인이 자율적으로 탐구하는 것이기 때문에 탐구하는 동안 자기주도적 습관이 길러진다.

탐구력, 이렇게 높여라

관찰능력을 길러라

탐구력을 높이기 위해서는 사물의 실태를 객관적으로 파악해야 하기 때문에 사물의 실태나 현상을 주의 깊고 조직적으로 파악하는 관찰력이 필요하다. 관찰이란 단순히 '본다'라는 사전적 의미를 뛰어넘어 보고, 듣고, 만지고, 냄새 맡고, 맛을 보고, 몸으로 느끼는 외적인 자극의 일단을 의미한다.

창의적인 아이디어가 발현되는 과정에서 어떤 느낌이 번쩍하며 떠오르는 순간을 '영감'이라 한다. 바로 그 느낌은 특정 자극을 통해 일어나며 이는 무언가를 관찰할 때 발생한다. 즉 관찰은 위대한 창조적 영감이 떠오르는 출발점이요, 모든 기회와 창조물의 원동력이다.

조사능력을 길러라

탐구력을 높이기 위해서는 사물의 내용을 명확히 알기 위하여 자세히 살펴보거나 찾아보는 조사능력이 필요하다. 조사능력이 높으면 일정한 시간에 많은 자료를 빠르게 찾게 된다.

분석능력을 길러라

분석은 수집한 내용이나 자료를 정확하게 이해하기 위해 그 내용을 단순한 요소로 나누어 생각하는 것을 뜻한다. 분석은 그 목적에 따라 일정한 관점에서 해야 한다.

분류능력을 길러라

수집한 자료나 내용을 목적에 따라 차별화하고, 나누어 이해하는 과정을 말한다. 분류는 언어, 추측, 추론, 의사결정, 그리고 환경을 바탕으로 필요한 것과 필요하지 않은 것으로 나누기도 하지만, 목적에 따라 나누기도 한다.

종합능력을 길러라

종합은 분석으로 명확해진 각 요소의 관계를 통일적으로 정리하는 것을 말한다.

해석능력을 길러라

해석은 수집한 자료나 언어가 가지는 의미를 명확히 하는 것을 말한다.

규칙을 찾아내는 능력을 길러라

수집된 자료나 내용 속에서 객관적인 규칙을 찾아내서 하나의 규칙으로 설명할 수 있어야 탐구능력이 높아진다.

적용능력을 길러라

적용은 수집하여 정확하게 이해를 하였으면 그 목적에 따라 알맞게 이용하거나 맞추어 쓰는 것을 말한다.

인내력을 길러라

탐구는 자료의 조사, 분석, 종합, 해석, 적용하는 단계를 거치면서 이루어지는 것이다. 때문에 그 과정을 수행하기 위해서는 인내력이 필요하다. 탐구력을 갖게 되면 당연히 인내력이 높아진다.

집중력을 길러라

탐구문제를 해결하기 위해서는 고도의 사고력을 발휘해야 하기 때문에 깊은 관심을 가지고 관찰하는 능력이 있어야 한다. 탐구력을 높이기 위해서는 집중력이 높아져야 한다.

 다음의 수집된 자료를 바탕으로 분석하세요.

> 다음은 철수네 집에서 올해 일어난 일이다. 작년까지만 해도 철수네 집은 지금까지 경제적으로 어려워서 용돈을 타기가 어려웠다. 그러나 올해 좋은 일들이 많이 생겼다. 다음의 사실들을 보고 올해 어떤 일이 생길지 분석하세요.
>
> - 철수 아버지가 승진하셨다.
> - 어머니는 하시는 일이 잘되었다.
> - 복권이 당첨되었다.

분석 철수의 용돈이 증가할 것이다. 풍요로운 생활을 하게 될 것이다.

이유 모든 것이 금전적으로 도움이 되었기 때문에

 ## 수집된 자료 통해 분석하기

다음의 글을 읽고 임진왜란에 대해서 비판하시오.

- 왜군은 오랫동안 내전을 했다.
- 유럽에서 조총을 들여와 사용했다.
- 전선을 많이 만들었다.

분석 : _____
_____
_____
_____

이유 : _____
_____
_____
_____

[부록 1] 시험공부 계획표 양식

구분	방법					
	과목	전 점수	목표점수	시험범위	참고서적	특징
시험 범위	국어					
	영어					
	수학					
	과학					
	사회					
	기술					
공부 계획	D-20			D-10		
	D-19			D-9		
	D-18			D-8		
	D-17			D-7		
	D-16			D-6		
	D-15			D-5		
	D-14			D-4		
	D-13			D-3		
	D-12			D-2		
	D-11			D-1		
기타						

[부록 2] 시험공부 계획표 실천을 위한 지도양식

날짜	공부계획
D-20	
D-15	
D-10	
D-7	
D-6	
D-5	
D-4	
D-3	
D-2	
D-1	
당일	

[부록 3] 중학교 1학년 시험범위

학교급	학년	과목	1학기 중간고사 대비	1학기 기말고사 대비
중	1	국어	**국어** 1.문학의즐거움 ~3.문학과의사소통 **생활국어** 1.생각과표현 ~3.정보수집하기	**국어** 4.메모하며읽기 ~7.문학과사회 **생활국어** 4.국어생활의반성 ~7.고쳐쓰기
중	1	수학	• 집합과자연수 • 정수와유리수	• 문자와 식 • 방정식 • 비례와 함수 (함수의그래프와활용제외)

중	1	사회	I. 지역과사회탐구
			II. 중부지방의생활
			III. 남부지방의생활
			  (1) 해양진출의요지
				III. 남부지방의생활
				  (2)호남지방
				IV. 북부지방의생활

중	1	과학	I. 지구의구조 II. 빛 III. 지각의물질(광물과암석)	III. 지각의물질(지표의변화) IV. 물질의세가지상태
중	1	영어	중학교1년 1~3과	중학교1년 4~6과

2학기 중간고사 대비	2학기 기말고사 대비
국어 1.능동적으로읽기 ~3.판단하며읽기 **생활국어** 1.생활과글쓰기 ~3.판단하며듣기	**국어** 4.시의세계 ~6.문학과독자 **생활국어** 4.글과주제 ~5.여러가지글
• 통계 • 기본도형과작도	• 도형의 성질 • 도형의 측정(입체도형의측정제외)

VI. 유럽의생활
    (2)남부유럽
VII. 아메리카및오세아니아의 생활
	VIII. 인간사회와 역사(순환)
	IX. 인류의기원과고대문화형성
	X. 아시아사회의발전과변화
	   (1) 동아시아문화권의형성과전통사회발전(수-당-송대까지)

VI. 생물의구성 VII. 상태변화와에너지 VIII. 소화와순환(소화)	VIII. 소화와순환(순환) IX. 호흡과배설 X. 힘(여러가지힘)
중학교1년 7~9과	중학교1년 10~12과

[부록 4] 중학교 2학년 시험범위

학교급	학년	과목	1학기 중간고사 대비	1학기 기말고사 대비
중	2	국어	**국어** 1.감상하며읽기 ~3.우리고전의맛과멋 **생활국어** 1.즐거운언어생활 ~3.국어의언어적특징과음운	**국어** 4.삶과문학 ~6.작품속의말하는이 **생활국어** 4.삶과문학 ~6.작품속의말하는이
중	2	수학	제1장. 유리수~ 제3장. 식의계산 　　(4)등식의변형까지	제4장. 방정식과부등식~ 제5장. 일차함수 　　(4)일차함수의활용까지
중	2	사회	**사회1단원** 유럽세계의형성 **국사1단원** 우리나라역사의시작	**사회2단원** 서양근대사회의발전과변화 **국사2단원** 삼국의성립과발전
중	2	과학	1장 여러가지운동 2장 물질의특성	3장 지구와별 4장 식물의구조와기능
중	2	영어	**표현** 1. 기분묻기 2. 사과하기 3. 제안하기 4. 금지하기 5. 기쁨이나슬픔표현하기 6. 조언하기 **구문** 1. 부정사의부사적용법 2. 조동사 must,should 3. 접속사 when 4. make+목적어+형용사 5. want+목적어+to부정사 6. if,because 7. as~as동등비교	**표현** 1. 의견묻기 2. 음식권유하기 3. 칭찬하기 4. 제의하기 5. 충고하기 6. 부탁하기 **구문** 1. 관계대명사 who/which 2. 접속사 that 3. so~that구문 4. to부정사의형용사적용법 5. ask+목적어+to부정사 6. 물질명사의수량표현 7. 접속사 after,before 8. hadbetter+동사원형 9. 시간의전치사

2학기 중간고사 대비	2학기 기말고사 대비
국어 1.작가와작품 ~2.이야기의구조 생활국어 1.보조자료활용하기 ~2.낱말의형성법과국어의관용어	국어 3.문학의표현 ~5.창작의즐거움 생활국어 3.재구성하여말하기 ~5.발화의기능과표현

제1장. 확률~
제2장. 도형의성질
  2.사각형의 성질
    (2)여러가지사각형까지
	제3장. 도형의닮음~
	2.닮음의응용
	    (4)닮음의응용까지

사회4단원 현대세계의전개 국사3단원 통일신라와발해	사회 5단원(현대사회와 민주시민) ~ 6단원(개인과사회의 발전) 국사4단원 고려의성립과발전
5장 자극과반응 6장 지구의역사와지각변동	7장 전기 8장 혼합물의분리
표현 1. 되묻기 2. 비교하기 3. 경험묻기 4. 사실적정보 5. 확신여부묻기 6. 사실확인 구문 1. 비교 2. 동격구문 3. keep+동명사 4. 목적격관계대명사 5. 지각동사+목적어+동사원형 6. 수동태 7. 간접의문문	표현 1. 전화하기 2. 사실적정보 3. 놀람표현 4. 빈도묻기 5. 동정표현하기 6. 부탁하기 구문 1. 현재완료 2. 관계대명사계속적용법 3. usedto+동사원형 4. 전치사+-ing 5. 날짜읽기 3. 재귀대명사

[부록 5] 중학교 3학년 시험범위

학교급	학년	과목	1학기 중간고사 대비	1학기 기말고사 대비
중	3	국어	**국어** 1. 시의 표현 ~3. 독서와 사회 **생활국어** 1. 협의하기 ~3. 듣는 힘 기르기	**국어** 4. 읽기와 토의 ~6. 한국 현대 문학의 흐름 **생활국어** 4. 음운의 변동 ~6. 남북한의 언어 　(1) 남북한 언어의 차이
중	3	수학	• 실수와 그 계산 • 식의 계산 　(인수분해 활용 제외)	• 이차방정식 • 이차함수의 그래프 　(이차함수의 그래프까지)
중	3	사회	**사회** I. 민주정치와 시민 참여~ II. 민주시민과 경제 생활 　(1) 경제의 의미와 경제문제의 해결 **국사** V. 조선의 성립과 발전~ VI. 조선사회의 변동 　1. 붕당정치와 탕평책	**사회** II. 민주시민과 경제생활 　(2) 경제체제의 변천과 시장경제의 발달~ III. 시장경제의 이해 **국사** VI. 조선사회의 변동 　2. 세도정치와 농민의 저항~ VII. 개화와 자주운동
중	3	과학	1. 생식과 발생 2. 일과 에너지	3. 물질의 구성 4. 물의 순환과 날씨 변화
중	3	영어	중학교 3년 1~3과	중학교 3년 4~6과

2학기 중간고사 대비	2학기 기말고사 대비
국어 1. 창조적인 문학체험 ~ 2. 비판하며 읽기 **생활국어** 1. 좋은 화제로 말하기 ~ 3. 글쓰기의 과정	**국어** 3. 작가의 개성 ~ 4. 고전문학의 감상 **생활국어** 4. 적극적으로 말하고 듣기 ~ 5. 품사의 종류 　(1) 단어의 분류
• 통계 • 피타고라스의 정리 　(피타고라스의 정리의 활용 제외)	• 피타고라스의 정리의 활용 • 원의 성질
사회 IV. 현대사회의 변화와 대응 　(1) 현대사회의 변동특성 ~ V. 자원개발과 공업발달 　(2) 자원의 이용과 자원문제 **국사** VIII. 주권수호운동의 전개 　(1) 독립협회와 대한제국 ~ IX. 민족의 독립운동 　(1) 민족의 수난	**사회** V. 자원개발과 공업발달 　(3) 공업발달과 공업지역의 형성 ~ VI. 인구성장과 도시발달 **국사** IX. 민족의 독립운동 　(1) 민족의 수난 ~ X. 대한민국정부의 수립
5. 물질변화에서의 규칙성 6. 전류의 작용	7. 태양계의 운동 8. 유전과 진화
중학교 3년 7~9과	중학교 3년 10~12과